인비저블
처치

인비저블
처치

김성규
지음

홍
성
사.

일러두기
본문의 성경 구절은 개역개정을 사용했습니다.

머리말

오산리기도원 야외 벤치에 앉아 이 책을 여는 저의 마지막 글을 적어 봅니다.

이른 아침 기도원 예배당 뒤편 언덕에 앉으면 이름은 모르지만 낯익은 나무들과 꽃들이 저를 반겨 줍니다. 코로나19가 시작된 2020년부터 알게 된 제 친구들입니다. 모두가 처음 맞는 어려움 속에서 기도 제목이 쏟아지던 시절, 저는 새벽마다 차로 달려와 기도했습니다. 테이블처치 성도들과 바이블 트레킹(Bible Trekking)으로, 신우회에서 도심의 크리스천들과 말씀을 붙들고 기도하며 걷는 프레이어 워크(Prayer Walk)를 시작했지요. 이 길을 걸으며 찍은 사진들은 카톡방과 인스타그램 스토리로 매일 아침 올리곤 했습니다. 비 오는 날 우산을 쓰고 걷고, 눈 오는 날 눈을 밟으며 기도를 쌓은 이곳은 저와 도심 크리스천들의 추억이 진하게 밴 '보이지 않는 교회'(Invisible Church)입니다.

이 책은 한 목회자가 부교역자로서의 사역을 내려놓고, 서울 도심에서 보이지 않는 교회를 세우고자 실험했던 도전기입니다. 직장인들을 이해하고자 개척 첫 해 회사로 들어갔고, 스타트업

머리말

창업자들과 함께하고자 그들의 생태계로
들어갔습니다. 그 안에서 시작된 모임들을 통해
예배도 하고 복음도 전하고 있습니다. 도심에서
이웃이 된 사람들은 '테이블처치'라는 이름으로
명동에서, '스낵타임'이라는 이름으로 을지로에서,
'빈티지앤뉴'라는 이름으로 위워크에서, 'HSBC
신우회'라는 이름으로 회사에 모여 도심교회의
역사를 함께 만들어 가고 있습니다. 한편 지난 4년 간
도심에서 믿지 않는 직장인들, 사업가들과도 남다른
우정을 이어 가고 있습니다. 이렇게 지내다 보면
도심 사람들과 이웃사촌이 되는 날이 생각보다 더
빨리 올 것 같습니다.

이 책을 읽게 될 크리스천들에게는 세상에서 맡은
일을 소명으로 여기고 그곳에서의 삶을 최고의 예배로
드리시기를 격려합니다. 소명의 자리에서 하나님을
예배하며 이웃과 복음과 사랑을 나누는 보이지 않는
교회를 세워 가시길 권합니다. 이 책을 읽게 될 도심
목회자분들에게는 진심으로 존경의 마음을 전합니다.
세상 속에 교회를 세우는 소명 그리고 동시에 삶을
꾸려 가기 위해 직장과 아르바이트를 감당하며 땀
흘리는 목사님들을 볼 때 큰 격려와 위로가 됩니다.

머리말

성도들이 세상에서 삶의 예배를 드리는 것처럼,
목사가 사명을 감당하기 위해 일하는 것 또한
목회라고 생각합니다. 삶을 꾸리기 위해 일하는
목사들이 도심 속에서 사람들과 이웃이 되어 공동체를
세워 가는 것 또한 교회를 세우는 것이라 생각합니다.
우리, 세상에서 만날 때 반갑게 인사 나눠요!

이 책을 쓸 수 있도록 보이지 않는 교회를 함께
세워 주신 동역자분들에게 감사합니다. 포스트 코로나
시대, 새롭고 다양한 모습으로 보이지 않는 교회를
함께 세워 갈 테이블처치 성도들, 2Hour 식구들,
위워크 스낵타임과 HSBC 신우회 가족들, 도심
크리스천과 바이블 트레커들, 그리고 우리에게 새로운
교회를 경험하게 해주신 양수리 그린테이블(주말농장)
김인자 권사님께 감사드립니다. 처치브릿지의
개척교회 목사님들과 멘토님들께도 감사드립니다.
각자의 자리에서 주님의 교회를 세우기 위해 함께
공부하고 땀 흘렸던 여러분이 없었다면 무척 외로웠을
것 같습니다. 저에게 도심 목회의 모델이 되어 주신
보스턴성령교회 손경호 목사님과 바람빛교회 이남정
목사님, 30년 전 중학생 때부터 지금까지 한결같이
참된 목회자의 본을 보여 주신 분당우리교회 이찬수

머리말

목사님, 처치브릿지 개척교회 목사들의 따뜻한
선생님이 되어 주신 미목원의 김지철 목사님, 어려운
시절 우리 가족에게 든든한 버팀목이 되어 주신
제주법환교회 신관식 목사님, 도심 미셔널 처치(Urban
Missional Church)의 모델이 되어 주신 사랑하는 두
선배님 서울드림교회의 김여호수아 목사님과 신도배
목사님께 감사드립니다. 마지막으로 가정에서 보이지
않는 교회를 몸소 세우고 보여 주신 제주와 수지의
부모님들께, 저의 가장 소중한 교회의 두 기둥 윤과 진,
그리고 그 교회를 함께 세워 가는 인생의 동역자 아내
주은에게 고마운 마음을 전합니다.

세상 속에서 '보이지 않는 교회'를 세워 가는 처치
빌더들을 응원하며,

Raise a Hallelujah!

2022. 09. 김성규

차례

차례

chapter 1

찾아가는
교회

광야의
식탁

2019년 중부세무서를 찾았다. 담당자가 잠시 당황해하며 교회 등록은 처음이라고 한다. 여기저기 다른 부서에 전화를 하고 나서야 내게 필요한 서류를 더 말해 주었다. 비슷한 시기에 개척한 목사님들에게 물어보니 그분들에게는 요구한 적이 없는 서류다. 세무서를 다시 찾은 다음날, 다른 직원이 처리를 하는데 역시 어제 만난 직원이 요구한 서류에 대해서는 묻지 않는다. 모든 것이 순조롭다. 마무리하며 인사를 나누는데 작은 목소리로 교회 등록 업무는 처음이라고 한다.

서울 도심의 빌딩숲이 가득한 곳에서 목회를 시작하는 교회가 많지 않으니 어제와 오늘 만난 두 명의 공무원에게 목사가 맡기는 일은 낯설었을 것이다. 도심에서 만나는 직장인들에게도 도심에 사무실을 마련한 목사가 낯설기는 마찬가지다. 신기해한다. 왜일까? 아마도 안 될 것 같아서가 아닐까. 그곳에는 아파트가 없기에 그림이 안 그려지고, 바쁜 직장인들이 교회에 대한 이야기를 듣고 목사와 만나기를 꺼린다 생각하기 때문이 아닐까.

그들이 그들의 탐욕대로 음식을 구하여 그들의 심중에 하나님을

시험하였으며 그뿐 아니라 하나님을 대적하여 말하기를 하나님이

광야에서 식탁을 베푸실 수 있으랴(시편 78:18-19)

하나님은 광야에서 이스라엘 백성을 특별하게
대우하셨다. 광야로 들어갈 때 하나님이 바다
한가운데를 가르신 길로 한 명도 빠짐없이 걸어서
건넜다. 그들이 걸어가는 길은 낮에는 구름으로,
밤에는 불로 인도하셨다. 천사들의 음식이라는 만나를
주셨다. 이후에 역사상 어떤 민족도 이렇게 긴 시간
동안 매일 이런 특별대우를 받은 적이 없다. 그런데도
그들은 이렇게 이야기한다.

"하나님이 이런 광야에서 우리에게 식탁을 차리실
수 있을까."

하나님도 안 되실 거라는 말인가. 그들은 바위에서
물이 강같이 흐르는 것을 보면서도 떡은 어려우실
거라고 하나님을 도발한다. 성경은 하나님을 대적한
것이라고 말한다.

도시,
미래의 축소판

《2030 축의 전환》이라는 책에서 마우로 기엔은
이렇게 이야기한다. "2030년이 가까워질수록 도시는
다가올 미래의 축소판이 될 것이다."[1] 테이블처치는
서울 도심에 자리한 교회다. 도시가 선교지고,
교구이다. 이곳에서 사역하는 모습은 다른 지역교회와
많은 점이 유사하지만 또 많이 다르다. 예배와 선교와
공동체를 이어 가는 모습은 같지만 처한 환경이 많이
다름을 느낀다. 그런데 미래를 예측하는 책들은 지금
도시의 모습이 변화할 미래의 축소판이 될 것이고,
어느 시점에 가까워질수록 더 선명해질 것을 예측한다.

마우로 기엔은 도시의 대표적인 특징으로
'불평등'을 꼽았다. 그가 말하는 사회적 불평등은
우리나라에서 사용하는 '갑과 을'로 모든 표현이
가능할 것 같다. 한 빌딩 안에서 하루에도 수많은
갑과 을의 관계가 형성된다. 한 회사 안의 다른 직급의
입장에서, 회사와 또 다른 회사와의 입장에서, 회사와

---

[1]
마우로 기엔, 《2030 축의 전환》
(리더스북, 2020), 193.

고객의 입장에서 갑과 을은 선명하게 불평등을 낳는다.
또 기후의 변화는 삶의 질에 대한 불평등을 낳는다.
아스팔트와 시멘트, 유리로 덮인 빌딩 숲은 도시를 더
뜨겁게 달구고, 대기오염과 미세먼지는 공기의 질을
더 악화시킨다. 그렇기에 외부에 노출되는 사람과
그렇지 않은 사람과의 삶의 질은 확연히 구분된다.
의식적으로도 창의력이 있는 사람과 그렇지 않은
사람과의 차이는 성공의 규모에 대한 불평등을
낳는다. 마우로 기엔은 창의성이 높은 도시일수록
같은 도시 내부의 빈부 격차가 더 심하다고 말한다.[2]
이러한 격차는 도시의 문제만이 아니다. 재정적으로,
사회적으로 만들어지는 불평등은 머지않은 미래에
전체적으로 번져 갈 것이라고 진단하고 있다.

찾아가는 교회,
사마리아교회

그 흩어진 사람들이 두루 다니며 복음의 말씀을 전할새 빌립이 사마리아

[2]
앞의 책, 225.

17

성에 내려가 그리스도를 백성에게 전파하니 (사도행전 8:4-5)

초대교회의 자랑인 스데반이 죽었다. 성경은
그가 살해당한 직후에 사도들을 제외한 모든 이들이
뿔뿔이 흩어졌다고 말한다. 나중에 초대교회의
사도가 된 바울이 예수님을 만나기 전에 앞장서서
교회를 핍박했고 사람들을 가리지 않고 잡아들여서
감옥에 가두었다. 그렇게 흩어진 초대교회는
그곳에서 복음을 전하고 교회를 세웠다. 그리고
가장 먼저 사마리아 성에 세워졌다.[3] 당시 유대인의
상식으로는 사마리아는 아니었어야 했다. 사마리아
사람은 예수님의 제자들에게 이방인이나 다름없었고,
하나님의 능력마저 돈으로 사려는 물질적인 세계관이
뿌리 깊게 박힌 자들이었다. 율법대로 정상적으로
살아온 이들이 아니었기에 단기간에 리더를 키울
수 있는 곳도 아니었다. 하나님의 말씀과의 간격이
벌어져서 그들 스스로도 이것을 해결하기 위한 특별한

[3]
David G. Peterson, *The Acts of the Apostles*
(Grand Rapids:Apollos), 277.

누군가가 오지 않는 한 소망이 없다고 생각했다.[4]
누가복음 9장 53절을 보면 심지어 십자가를 지러
가시는 예수님이 찾으신다고 해도 거절했던
곳이 사마리아였다. 그들은 이스라엘이었지만
하나님으로부터 너무 멀리 갔다.

예수님이 보내신 성령님은 그곳에서부터 역사를
시작하셨다. 그 시작은 '찾아가는 교회'인 빌립의
사마리아교회를 통해서였다. 이방인을 선교하기
위해 처음 세워진 교회는 바울과 바나바를 파송한
안디옥교회일 것이다. 그러나 초대교회가 목적을
가지고 찾아가서 세운 첫 번째 기록은 빌립이 세운
사마리아교회다.[5] 그곳의 역사는 성령의 인도하심을
받고 빌립이 찾아갔기 때문에 일어났다. 이전까지는
갈급한 이들이 성전이 있는 예루살렘으로 찾아오고
소망 없는 이들이 예수님을 찾아왔지만, 이제는
성령의 충만함을 받은 예수님의 사람들이 복음을
필요로 하는 사람들을 찾아간다. 대환란으로
초대교회가 흩어질 때 빌립은 사마리아로 내려가서

4
앞의 책, 281.

5
앞의 책, 277.

복음을 전하고 기적을 일으킨다.

　그런데 시작은 좋았지만 그다음이 쉽지가 않다. 빌립이 복음을 전하자마자 일어난 부흥은 벽에 부딪힌다. 사마리아는 다른 도시보다도 세속적인 곳이 틀림없다. 눈에 보이는 마술로 사람들의 마음을 뺏던 시몬에게 높은 지위를 부여했고, 온 도시의 사람들이 그를 높였다. 높은 사람부터 낮은 사람까지 그를 따르며 '하나님의 능력'이라고 불렀다(행 8:10). 그랬던 사람들이 빌립이 선포하는 복음을 듣고 모두 예수님을 믿었다. 눈에 보이는 기적과 능력을 보이자 놀라며 그를 따르기 시작했다. 심지어 시몬까지도 빌립에게 세례를 받고 전심으로 따르기 시작했다고 한다.

　그런데 문제가 있었다. 이들에게 성령의 세례가 임하지 않는 것이었다. 마침 사마리아에서도 복음을 듣고 영접하는 사람들이 많이 생긴다는 말에 예루살렘에서 그곳으로 달려온 베드로와 요한이 그들의 상태를 보고 성령이 임하길 기도하자 역사가 일어나기 시작했다. 그리고 손을 얹고 기도하는 사마리아 사람들은 모두 성령을 받았다. 그런데 주목할 부분은 시몬이 성령을 받자 돈을 줄 테니 성령이 임하게 하는 능력을 달라는 장면이다. 영적으로 타락한 사마리아였고, 지금까지 살아온 옛사람의

옷이 너무 무거워서 예수님의 이름으로 세례를 받고
영접했음에도 그것을 벗어 내기가 쉽지 않았다.

2014년에 미국 생활을 접고 한국에 들어와
서울드림교회라는 곳에서 사역을 시작했다.
부교역자로서 처음 맡게 된 일은 '드림플러스'라는
이름의 새신자 예배였다. 미국에서는 기존 성도들의
교육을 전공처럼 생각했고, 한국에서도 주로 교육에
대한 사역을 예상했다. 그런데 복음을 전하는 일과
믿지 않는 사람들도 예배 안에서 인격적으로 예수님을
만날 수 있게 준비하는 첫 사역은 신선하면서도
강렬한 충격이었다. 그래서 그 일을 담당했던 만
3년은 복음전도 사역에 대해 많이 배우는 시간이었다.
그리고 개척하고 나서 새신자 예배에서의 모든
경험들을 도심에서 복음을 전하는 사역에 쏟아 내고
있다.

그런데 교회 밖 도심 사람들의 기독교에 대한
거부감은 생각보다 컸다. 목사인 것을 오픈하면
인상을 찌푸렸고, 마음을 연다 해도 교회에 쌓인
불신과 분노를 쏟아 냈다. 직접 경험한 일들보다는
문제 있는 교회와 목사의 일들을 언론으로 접한
사람들이 많았다. 그럼에도 그들 안의 분노가 너무
컸고, 교회를 떠난 가나안 성도들의 상처도 매우

깊었다. 새신자 예배를 찾아온 불신자들과 예배 후에
나눈 대화와는 차원이 다른 강도를 실감했다. 그런데
그들과 가까이 지내면서 솔직한 내면의 이야기를 들을
수 있었다. 그리고 당장 교회로 인도하기보다는 그
자리에서 예수님을 전했다. 그러자 그들의 녹아진
마음에 온기가 전해지면서 회개를 위한 기도도,
은혜를 사모하는 간구의 기도도 함께 드릴 수 있는
관계가 되었다.

주일예배에는 안 나오지만 주중의 직장인 모임에
나오기 시작하는 사람들이 생겼고, 주중 모임에 나와
상기된 목소리로 다시 교회에 나가기 시작했다며
나누기도 했다. 성가대에서 받은 상처로 교회를
떠났던 한 자매는 회복되어 성가대에 다시 참석한다고
자랑한다. 그리고 주일 테이블처치로 불시에 찾아오는
사람들이 생기기 시작했다. 코로나 바이러스19 사태
때 줌으로 전도한 분들이 계신데 한 분은 온라인
예배를 드리고, 줌으로 전도한 다른 한 분은 아직
하나님에 대한 분노는 사그라들지 않았지만 목사님을
만나 안심이라며 사무실에서 예배드려 주길 부탁한다.

전도가 교회로 인도하는 것이라면 솔직히
너무 힘들다. 예수님을 믿지 않는 분들과 떠난
분들이 교회에 오는 것, 붙들어 앉히는 것이 아니라

정착시키기가 쉽지 않다. 그런데 코로나 시절에
복음에 대한 사람들의 마음이 많이 열렸고, 점점 더
열리고 있음을 느낀다. 코로나 바이러스19로 인간이
손 쓸 수 없고 끝을 가늠할 수 없는 어려움을 겪으면서
하나님의 존재에 대해 다시 생각하는 계기가 되었다.
내게만 일어날 것 같은 어려움을 생각지도 못한
이들이 당하고, 그것을 극복하도록 도우면서 사라지지
않을 것 같던 하나님에 대한 분노가 설명하기 어려울
정도로 신기하게 사라졌다는 고백을 여러 명에게
들었다.

　　그런 의미로 지금은 복음을 전할 때다. 어떻게 하면
오게 할까가 아니라 찾아가서 전할 때다. 믿지 않는
이웃들에게 우리 교회를 전하지 말고, 복음을 전하기
위해 세상 속으로 찾아가는 교회가 되어야 할 때다.
그리고 믿지 않는 분들의 마음과 교회를 떠난 신자들의
분노가 가라앉을 때까지 곁에서 언제든 찾아올 수
있는 교회가 되어 주어야 할 때다.

chapter 2

나노시대의
도심
종족들

도심에서 만난
새로운 생태계

명동에서 '생태계'라는 단어를 소개해 준
무리들이 있었다. 명동 을지로의 위워크라는 공간에서
창업하고 협업이 자연스럽게 이뤄지는 문화를 갖고
있던 스타트업(7년 미만의 신생기업) 창업가들이다. 이들은
자신을 표현할 때 '생태계'라는 단어를 꼭 넣어서
소개했다. 그들에게는 스타트업이 생태계였고, 그
안에 자신들의 세부업이 또 하나의 작은 생태계라고
했다. 그들을 처음 만난 스타트업 공유 공간인 을지로
위워크의 16층 로비에서는 아래로 명동성당이
내려다보였고, 앞으로는 남산과 서울타워가 보였다.
비슷한 시기에 멀지 않은 광화문에서 직장인들의
모임이 매주 있었는데, 스타트업의 창업가들은 익숙한
직장인들과는 확연히 다른 첫인상을 주었다. 그들만의
역동적인 인상은 도심에서 복음을 전하고자 했던 내게
선교지에서 발견한 새로운 종족처럼 느껴졌다. 그들은
스타트업이라는 하나의 정체성과 동질감이 있었고,
각자의 영역의 세계를 또 만들어 갔다. 마치 한 나라
속에서의 다른 민족이 함께 살아가는 다문화민족들로
보였다. 모두가 낯선 스타트업 용어들을 넣어

대화하고 그 안의 세계에서 안정감을 누리는 듯했고, 즐기며 성장하고 있었다.

특히 이들이 쓰는 언어는 내가 새로운 세계에 있음을 종종 실감하게 했다. 모르는 단어가 나오면 짬이 날 때마다 검색해야 했다. 한 예로 '유니콘'은 모든 스타트업의 목표이고, 10년 안에 기업가치 1조가 되는 회사를 뜻한다. '피보팅'은 스타트업의 성공 공식으로 여겨지는 용어다. 이들은 자신들이 지금까지 세워 온 것을 바탕으로 신속하게 사업 전환을 해서 다른 차원의 성장에 도전한다. 2020년에 방송됐던 〈스타트업〉이라는 드라마를 보면 알 수 있겠지만 그들의 세계를 이해하기 위해서는 자막이 필요했고, 인터넷에 떠도는 스타트업 용어 사전으로 하는 나머지 공부는 대화 후에 필수였다.

새로 배운 수많은 외계어들을 제치고 '생태계'라는 단어가 가장 인상 깊게 남았다. 생태계는 스타트업 업계 안에 존재했고, 문화는 매력적이었다. 새로 알게 된 위워크의 사내 SNS에서 내가 있는 지점만이 아니라 다른 지역 다른 나라들의 창업가들의 삶을 보고, 같은 건물에 있는 창업가들과 책 읽기 릴레이를 했다. 창업가 중의 한 명이 각 지점에서 시작한 차량공유서비스의 시작과 발전의 현장을 그곳에서 관객처럼 관람했다.

스타트업 생태계를 을지로에서 처음 만나고 자리 잡은 곳은 서울역이었다. 2018년 5월, 위워크 본사가 당시 처음으로 세워진 서울역 지점으로 움직이면서 그곳에서 '테이블 인 더 시티'라는 회사 이름으로 사무실을 얻었고, 그해 7월 1일 '테이블처치'를 개척하면서 '빈티지앤뉴'라는 이름으로 개인사업자를 내고 플랫폼 사업을 시작했다. 도심인들과 함께하고 싶어 부교역자를 사임하고 철강회사에 취업한 것처럼, 그 안에서 새롭게 발견한 생태계인 스타트업과 함께하기 위해 사업자를 내고 그 안으로 들어갔다. 그리고 주위에 스타트업인들이 있는지 찾기 시작했다. 그러면서 개인사업자를 낸 프리랜서 디자이너들을 알게 되었다. 부교역자로 새신자 예배를 담당하면서 각종 디자인을 교회 밖 업체들과 작업하며 얻은 안목으로 팬이 된 디자이너들이었다. 독창적인 작품들을 만들어 가는 세 명의 디자이너들이었고, 그들과 직원이 아닌 파트너로 일할 수 있는 스타트업 회사를 창업하게 되었다.

당시 이름이 있는 디자인 플랫폼 회사들의 문턱은 높았고, 모든 디자이너들은 꿈과 생활을 이어가는 데 일이 필요했다. 그리고 작업 공간을 비롯해 굿즈(상품)에

대한 반응을 알아볼 수 있는 오프라인 마켓이
필요했다. 그런데 스타트업의 생태계인 위워크는 우리
디자이너들에게 필요한 환경을 제공하는 곳이었다.
그래서 SNS를 열어서 지인들과 네트워크 안에 있는
이들에게 디자이너들이 만든 작품들을 알렸다.
소개된 빈티지앤뉴의 포트폴리오를 통해 작업 요청이
들어왔고, 시작하는 이들에게 조금의 숨 쉴 수 있는
여유를 허락해 주었다. 팝업 스토어를 신청해 여럿이
함께 여는 곳에 참여하였고, 위워크가 함께하는 기부
마라톤을 뛰며 직원들과 창업가들이 추억을 만들었다.
그리고 다양한 회사들이 한 공간을 쓰는 곳으로
사무실을 얻었기 때문에 새롭게 알게 된 회사들,
창업가들과는 이웃이 될 수 있었다. 그들과 점심을
뭘 먹을지 고민하고, 잠깐 간식을 사게 되면 빈자리에
메모를 남기면서 마음을 나누었다.
　　그러나 2019년 위워크 회사들의 변화와 어려움이
생겼고, 전반적인 경기 침체로 인해 활력이 넘치던
스타트업들이 갑작스럽게 주춤하는 것이 느껴졌다.
한번은 주말 사이 옆자리가 비어 있어 문자를
보냈는데 답문은 다음에 기회가 생기면 보게 되기를
바란다는 짧고 싸늘한 작별인사였다. 그 사업가는
공무원으로 일하다가 인테리어 업계들이 고객을

한자리에서 만날 수 있는 앱을 만들고 싶어 하던
창업가였다. 매일 점심을 먹고, 아이들을 키우면서
애환을 나누었다. 아이디어를 주고받고, 도움이 될
만한 자료와 사람들을 소개해 주었다. 그러나 그렇게
간단한 문자로 우리의 관계는 마무리됐다. 그분뿐만
아니라 내게 세 개의 명함을 주면서 자신을 소개하던
에너지 넘치던 끝자리의 다른 창업가와도 제대로
된 인사를 하지 못했다. 한 분만 코로나 사태가
시작되기 전까지 관계를 이어 갈 수 있었다. 사무실의
코너에 계시던 상담센터를 창업한 분은 내가 목사인
것을 알고 종종 신앙에 대한 대화를 했다. 독일에서
상담학을 전공한 그분은 자신이 다니고 있는 성공회
교회의 이야기도 들려주셨는데, 그분과는 2020년에
사무실을 정리할 때까지 가장 길게 관계를 유지하였다.

　만 2년이 넘는 시간 동안 남대문, 을지로의
위워크에서 경험한 스타트업 생태계에서의 삶을
돌아보면 정말 많은 것을 실험했다. 스타트업
창업가들의 일원으로 살았다. 누군가는 나를
김사장이라 부르고, 그들의 사업에 도움이 되는
일이라면 달려가서 미팅에 참석했다. 그들과 시작된
만남은 도심의 한 재단에서 운영하는 공유공간을
사용하는 창업가들과의 만남으로도 이어지고, 그

밖의 다양한 사업가들과의 깊은 대화를 나눌 수 있게 해주었다. 사역적으로도 서울 도심을 공유 오피스라는 오프라인 플랫폼을 통해 편리하게 이용할 수 있는 아이디어를 주었다. 그리고 가장 고마운 것은 이 장의 뒷부분에 나누겠지만 소중한 도심의 식구들을 주셨기에 이곳에서의 삶에 대한 미션을 이룬 것은 맞다.

그러나 창업가들과의 관계에서 일로 만났을 때 이전 직장생활에서보다 인간관계가 훨씬 빠르고 허탈하게 마무리될 수 있음을 경험했다. 그렇기에 그 당시의 상실감은 쌓아온 시간들과 기대가 컸던 만큼 한참이 지나도록 슬픔으로 자리했다. 마치 형제같이 지냈던 성도가 문자로 인사하고 곁을 떠난 듯.

《트렌드 코리아 2022》를 보면 세상은 점점 더 세분화되는 사회에게 '나노사회'라는 이름을 붙였다. 노동은 파편화되고 이것은 모든 영역들로 확대되어 1인 직업들이 많아지고 있다. 이들은 하나의 일을 따내고 이루기 위해 다양한 이해관계를 상대하며 회사라는 조직이 하는 모든 일을 감당해야 한다. 많은 사람들과 만나고 약속을 하고 관계를 이어 가지만 그것에 대한 기약은 약할 수밖에 없다. 오늘 했던 일을 내일 할 수 있으리라는 확신이 없기에 지속가능한 관계는 현저히 줄어들고 '고독한 개인'은 늘어날 것이라고 진단한다.[6] 반면에 혼자 감당해야 할 책임은 더 무거워지고, 자신이 일하지 않으면 모든 것이 무너질 수밖에 없어 사회적으로 매몰될 수 있다는 두려움을 안고 살아야 한다. 스타트업, 특히 1인 스타트업은 기반 없이 도전하는 사업이기에 패기와 열정으로 시작하지만 꾸준히 잘되지 않으면 내일 문을 닫아도 이상하지 않은 생태계였다.

스타트업이라는 예수 커뮤니티

2020년 스타트업의 생태계였던 위워크를 떠났지만, 여전히 스타트업 창업가들과 함께하고 있다. 세 명의 디자이너들은 개인적인 성향들로 각자 회사의 색깔들을 잘 담아내었고, 추진력은 어느 사업가 못지않게 능숙해졌다. 플랫폼으로서

6
김난도 외, 《트렌드 코리아 2022》
(미래의 창, 2021), 185.

커미션을 받고 일하는 관계가 아니었기에 이제 내가
할 일은 여기까지라고 생각할 수 있었다. 하지만
이들과의 관계는 도심에서 계속 이어지고 있고
모임은 또 하나의 교회가 되었다. 우리는 만나면 삶을
나눈다. 같은 시기에 창업하고, 어려운 시기를 같이
극복하고 있기에 주고받는 말들로 위로와 격려를 준다.
테이블처치가 하는 양수리의 주말농장은 이들에게
영감을 주는 놀이터이고, 도심의 크리스천들과 말씀을
사랑하고 자랑하는 바이블 무브먼트를 할 때는 성도가
아니어도 핵심 멤버가 되어 섬긴다. 그렇기에 첫 책인
《바이블 트레킹》의 프롤로그에는 이들의 이름이
등장하고, 가장 먼저 감사를 전하는 식구들이 되었다.
    이들을 중심으로 수요일 점심 도심의 직장인들이
모여 하나님의 말씀을 나누는 '스낵타임'이
시작되었다. 그리고 앞으로 '투 아우어'(2Hour)라는
이름으로 하루의 2시간을 하나님께 드리는
도심인들의 공간이 생긴다. 멤버들 중의 한 명을
중심으로 그곳은 디자이너들의 작품과 상품들을
모으는 플랫폼이 되고, 그곳에서 우리가 만들어 내는
문화와 메시지들이 전달될 것이다. 위워크에서 경험한
도심 속의 스타트업 생태계는 나를 포함한 네 명의
'나노 생태계'가 되어서 이어졌다. 내가 처음 경험한

슬픔과 고독을 1인 창업가들인 우리 식구들에게만은
경험하게 하고 싶지 않다. 이들이 외로워하지 않고
성공과 생존이라는 길이 아닌 받은 은사들로 도심의
소명을 끝까지 감당할 수 있도록 돕는 플랫폼의
책임을 다하고 싶다.

고린도교회의
소스데네

신약성경에서 바울의 다양한 감정의 변화를
담아내는 책은 고린도교회에 쓴 편지들일 것이다.
로마의 5대 도시 중의 하나이며, 도시 안에 무역항이
2개가 있을 정도로 부유했던 고린도에 십자가에
달려 죽으신 예수 그리스도를 자랑했다. 시대에 가장
빠르게 새로운 문물과 동서양의 지혜를 접하는
고린도 사람들에게 바울은 예수님이 주시는 지혜를
받으라고 했다.

너희는 하나님으로부터 나서 그리스도 예수 안에 있고 예수는 하나님으로부터
나와서 우리에게 지혜와 의로움과 거룩함과 구원함이 되셨으니

(고린도전서 1:30)

헬라어로 보면 예수님은 하나님께로부터 오는 '지혜'가 되신다. 바울은 그 지혜를 노예와 자유를 얻은 노예 출신 노동자가 80퍼센트였던 고린도에서 텐트를 만드는 노동을 하며 전했다. 그리고 그 지혜는 세속적인 쾌락의 도시로 유명한 그곳에서 '의로움'과 '거룩함'과 '구속함'을 준다고 이야기한다. 십자가의 사형을 받은 죄인이 주는 의, 자신이 죄책감 없이 즐기고 있는 것을 죄로 여기고 회개하며 삶을 돌이켜야 하는 거룩, 자유를 누리고 있는 이들에게 선포하는 구속은 당시 대부분의 고린도 사람들의 귀에 쉽게 들어가지 않았을 것이다. 유대인들은 힘을 합쳐서 바울을 법정에 세우고, 그들의 반대로 바울은 에베소로 발걸음을 돌린다. 그렇지만 그곳에서 복음을 듣고 예수님을 영접하는 사람들은 성경에 등장하는 어느 도시보다 화려함을 내려놓고 주님께 나아왔으며, 소유와 신분에 상관없이 예수님 안에서 의와 거룩과 구원하심을 누릴 수 있었다. 그리고 반대하는 유대인들의 무리가 바울을 내쫓았지만 고린도의 유대인들이 모이는 회당의 책임자였던 소스데네가 믿음으로 핍박을 견뎌 내고, 그 이후로도 바울과 동행하며 고린도교회에 안부를 전하는 인물이 된다.

《트렌드 코리아 2022》는 나노시대에는 사회의 노동 조직이 파편화되고 개인화될 것에 대해 우려하면서도 그렇게 변화하는 시대 속에서 가늘고 얇은 나노의 가락들이 나노 취향으로 만날 것을 제안한다. 이전에 큰 조직, 하나의 플랫폼에서 사회생활을 이어 갔다면 이제는 소수들이 개인의 취향에 따라 만나고, 그렇게 형성되는 관계들은 새로운 문화를 만들어 낼 것이다. 작은 선호들은 모여서 다양한 모습으로 그들의 취향을 사회에서 드러내고, 그런 사람들이 외롭지 않도록 연대할 수 있는 장을 열어 갈 것이다. 만들어 내는 수가 이전보다 적을지라도 기술 발달과 함께할 수 있는 경계가 넓어졌기에 지금과 다른 모습의 연대를 이루고, 그 안에서 가치를 발견하며 영향력을 끼칠 수 있는 문화를 만들어 낼 것이다.

스타트업에 대한 나의 애틋한 마음처럼, 바울에게 고린도교회가 조금 더 아픈 손가락이 아니었을까. 그러나 이웃을 넘어 더 깊고 많은 것을 나눌 수 있는 식구들을 스타트업 생태계 안에서 주셨기에 또 다른 생태계를 만난다면 다시 복음을 들고 그들 안으로 들어가서 이웃이 되고 싶다.

chapter 3

철강회사
김과장

2018년은
명함이 3개

2018년은 특별한 해이다. 본의 아니게 세 개의 명함을 들고 다녔다. 테이블처치의 김목사, 스타트업 플랫폼 회사의 김대표, 그리고 철강회사 김과장이었다. 세 개의 명함은 진지하게 세상으로 다이빙했던 모습을 그림처럼 그리게 해준다.

2018년은 부교역자로 섬기던 서울드림교회의 사역을 마무리하며 시작했다. 하나님은 그곳에서만 4년 가까이 새로운 영역에 대한 열정과 신선한 경험을 쉬지 않고 불어넣어 주셨다. 두 분의 공동 담임목사님들은 위화감 없는 문턱 낮은 교회를 세상의 눈으로 보아도 근사하게 가꾸어 가는 목회를 보여주셨다. 새신자 예배를 준비하면서 손상되지 않은 복음에 지금 가장 주목받는 도심의 문화를 옷 입혔을 때, 믿지 않는 사람들은 편견을 잊고 집중하며 우리의 메시지를 들었고 때로는 감동했다.

사임인사를 하는 주일을 앞둔 토요일, 담임 목사님 중 한 분께 이런 말씀을 드렸다. 도심 속에서 교회의 손길이 아직 닿지 않는 곳이 있는지 찾아보고, 목사님들께 배우고 함께했던 목회를 이어 가고 세상 속에서 지금의 예배를 시작하겠다고.

이미 세워진
보이지 않는 교회

봄이 되자 김과장 명함과 함께 인생의 새로운
계절이 왔다. 사임하면 취업부터 해야겠다는
마음을 먹은 건 한 해 전 광화문에서 처음 시작한
직장인들과의 모임에서였다. 부교역자로 있을 당시
교회 공간을 쓸 수 없는 상황이 되어 성도들 곁으로
흩어지자는 아이디어가 나왔다. 양육 담당이었기
때문에 도심의 직장인들과 처음으로 시작하는 도심
한복판이 나의 몫이었다. 점심시간에 뛰어 들어오는
직장인들에게 매주 한 챕터씩 정리해 주고, 한 학기면
한 권을 끝내는 방향으로 시작했다. 감사하게도
광화문에서 시작한 모임의 직장인들은 그 시간을 너무
반가워했다. 그들은 도심으로 찾아온 나를 환영해
주고 그 시간을 기다리며 좋은 공동체가 되길 바랐다.
그리고 도심 성도들의 바람은 나의 열정이 되었고,
모이는 인원수는 점차 늘어나기 시작했다. 믿지 않는
동료가 어려운 시간을 보내고 있다며 만나 주기를

부탁하는 분, 우리 교회 교인은 아니지만 모임에 데려와도 될지 묻는 분들, 교회에 상처받고 떠나 방황하는 이들…. 그렇게 복음에 목말라하고 도움의 손길을 기다리는 크리스천들이 많음을 알게 되었다.

한번은 그곳에 오신 분이 자신의 신우회 소식을 전해 주셨다. 한국 본사를 남대문 가까이에 두고 있는 한 외국계 은행은 벌써 20년이 넘게 신우회라는 이름으로 매주 한 번 점심에 모여 예배를 드리고 있었다. 서울 도심에서 예배하는 보이지 않는 교회를 세우고자 들어갔을 때, 평신도 직장인 주도로 이끌어지는 완벽에 가까운 교회를 보게 된 것이다. 하나님은 서울 도심에서 이미 갈급함이 있는 영혼들과 소명을 받은 도심의 크리스천들과 근사한 직장인의 공동체를 만드셨다. 처음 예배 공동체로 신우회가 시작되었을 때의 주니어들은 이제 신우회 임원들이 되어서 도심교회의 리더들로서의 역할을 근사하게 해내고 있었다.

그렇게 발견한 세상 속의 그리스도인들과 직장생활의 고충을 나누는데 한번은 대화가 이어지지 않고 묘한 분위기가 연출되었다. 한 성도가 "목사님은 이해하기 어려우시겠지만…"이라고 입을 떼며 이야기를 시작했다. 옆에 앉은 다른 성도가 공감하며 고개를 끄덕였다. 목사님은 이해하지 못하실 거라는 말 속에서 그들과의 선을 발견했다. 목사인 내 앞에 종교인이라는 선이 선명하게 그어지는 것 같았다. 나는 도심 깊숙이 들어와 분초를 아껴 가며 많은 일정들을 똑같이 바쁘게 사는 현대인이었지만, 그들 앞에 너무 이질적인 목사의 옷을 입고 있음을 깨닫지 못했다. 목사인 나는 도심이라는 생태계에서 이방인이었다. 도심의 회사라는 조직은 목사로서 경험한 조직과는 다른 차원이기에 그들과 나는 엄연히 다른 세상에 속한 사람이었다. 직장인들처럼 입고 말해서 해결될 문제가 아니었다. 그럼 어떻게 해야 할까. 나는 그때부터 이들의 세계 속으로 들어가고 싶다는 생각을 하게 되었다. 그리고 그 뜻을 이해해 준 교회의 응원을 받으며 사임을 하고, 취업할 곳을 곧바로 찾기 시작했다.

먼저 주위에 알리고, 경험은 없지만 할 수 있는 일들을 수소문하기 시작했다. 한국의 조직문화를 경험하고, 사회의 치열함 속으로 들어가기 위해 회사들에 대해 고민하고, 가고 싶은 곳은 지원할 수 있는 길을 찾았다. 그러던 중 외부에서 인력을 충원하고자 했던 지인의 회사를 알게 되어 영업팀에 들어가게 되었고, 중소기업의 문화와 내 나이를 배려해 준 덕에 김과장으로 시작하게 되었다.
전무님과 함께 움직이며 크고 작은 미팅에 모두
참석했다. 나오는 모든 대화를 기억하고, 회사
수첩에 기록으로 남기는 것이 주된 일이었다. 그리고
복기하는 자리에서 확인하며 파악했다. 이후에
진행되어야 할 사항들을 전파하고, 진행을 확인하는
일들을 하게 되었다.

　　목사로 사회를 배우고자 기간을 정하고 들어온
것을 아는 유일한 전무님은 세상으로 들어온 결단을
호기로 봐 주셨고, 덕분에 사회수업을 혹독하게 시켜
주셨다. 철강업계의 유통회사였기 때문에 주로 필요로
하는 한국 기업의 건설현장, 해외의 반도체 공장을
중심으로 하는 수출업무가 많았다. 수입, 수출을
위한 영국과 미국의 철강업계에서 사용하는 단위와
용어들이 빼곡한 자료들을 외워야 했고, 그것을
이해하고 소통하기 위해 집에 돌아와 하루 종일 노트한
내용에 실수가 없는지 확인하고 문서화하면서 외우고
또 외웠다. 모르는 것이 있을 때마다 비슷한 나이대의
과장님들, 실력이 좋은 주임들에게 물어 가며
새로운 세계 속으로 들어갔다. 팀과 협력해서 어려운
상황들을 돌파해야 했기에 회사 식구들과 하나가 되는
것에는 오랜 시간이 걸리지 않았다.

풀타임 김과장,
파트타임 김목사

4월에 시작한 직장생활을 이어 가며 주말에는
7월부터 시작될 도심 속에서의 교회 개척을 준비했다.
비전을 처음 받은 광화문, 위워크 사무실이 있던
서울역, 첫 예배를 드렸던 충무로를 잇는 삼각형의
지역을 도심에서 복음을 전해야 할 선교지라고
생각했다. 테이블처치의 이름대로 이곳에서
사회생활을 하는 직장인들과 사업가들을 초대하고,
만났던 사람들이 한번 찾아올 수 있는 곳에 '예수님의
식탁'을 차리고 싶었다. 테이블처치라는 이름으로
충무로역 5번 출구 앞에 있는 사무실에서 7월 1일 주일
첫 예배를 드렸다. 매주 토요일이면 주일예배를 위해
사무실을 예배 공간으로 세팅하기로 했다. 그래서
준비를 시작하기 전의 모습을 사진으로 남기고,
창고에 옮겨 놓은 접이식 의자들과 탁자들을 펼쳤다.
스피커를 세우고, 모니터를 옮긴 후에는 청소기를
돌리고 물걸레질을 했다. 첫 예배 후에 장소를 임시
거처인 논현동, 그다음 성수동으로 옮겨서 2년 동안
주일예배를 드릴 때도 마찬가지의 작업을 이어
갔다. 집기들을 가지고 이동하며 세팅하는 데 토요일

반나절은 금방 지나갔다.

　주일 사역을 마치고 월요일 아침 7시 30분에 시작하는 영업회의는 영업사원들에게 가장 중요한 시간이었다. 회의가 끝난 후에 시작되는 일과 거래처들과의 저녁 약속들은 빼곡했고, 일정을 마치고 집에 들어오면 보통 밤 11시였다. 식구들은 모두 잠들었고, 소파에 늘어지듯 기대어 옷도 갈아입지 못한 채 잠이 들었다. 그리고 새벽 5시면 일어나서 샤워하고 일정을 확인하며 뛰어나갔다. 이렇게 한 주를 살고 나면 아침부터 밤까지 유일하게 하루를 온전히 쓸 수 있었던 토요일이 금세 찾아왔다. 그리고 주중에 시간이 날 때마다 말씀을 묵상했던 작은 수첩의 메모들을 꺼내어 놓고, 노트북을 열면서 설교 준비를 시작했다. 주일 예배를 드리고 들어와서는 저녁을 먹자마자 다시 월요일 아침 7시 30분부터 시작되는 영업회의에 들어갈 준비를 시작했다. 이렇게 꽉 채워진 직장생활과 목회를 했다. 주중에는 철강회사 김과장, 주말에는 개척교회 김목사로.

목사인
직장인

누군가가 직장생활을 하면서 직장인들을 이해하게 됐는지 물어본다면 주저 않고 대답할 수 있다.

"No."

1년이라는 시간은 직장을 경험하기에는 너무 짧았고, 동료들과 거래처 사람들의 세상을 파악하기에도 부족한 시간이었다. 그러나 얼마나 더 긴 시간 일해야 이들의 세상을 이해할 수 있을까에 대한 답도 찾기 어려웠다.

1년을 계획하고 시작한 철강회사 직장생활은 계획보다 한 달을 더하고 마무리했다. 퇴사할 때 더 좋은 조건으로 일해 보지 않겠냐는 전무님의 제안을 최고의 격려로 받았다. 그렇지만 목사로서 직장생활을 돌아볼 때 아쉬움은 사라지지 않았다. 먼저, 내가 경험한 직장생활은 성도들이 살아가는 직장생활을 체험하는 수준이었다. 기간이 정해져 있었기에 본인과 가족들의 생계를 위해 일해야 하는 대부분의 직장인들과 전제부터 달랐다. 하나의 다른 전제였지만 나를 환영해 주었던 분들을 그곳에 두고 나와야 함에 언제부터인가 미안한 마음이 더 커졌다.

믿음의 소신을 갖고 직장생활을 한다는 것은 단순하지 않았다. 설명하기 어려운 복잡한 상황들이 연출되었는데 한번은 대기업인 거래처와 우리 팀 간의 전체 회식이 있었다. 자주 보는 얼굴들이어서 많이 친해진 상태였고, 나를 독실한 크리스천으로 알고 권하는 술을 사양해도 이해해 주는 분위기였다. 그런데 시간이 지나면서 거래처의 책임자가 술을 권하기 시작했다. 오늘은 술 마시는 모습을 보고 간다며 분위기를 몰고 갈 때, 보스인 전무님이 그 곤경을 지혜롭게 벗어나도록 도와주셨다. 그 업체와 연결된 일들이 한둘이 아니었고 계약의 크기가 컸기에 회식 분위기를 망치면 곤란했다. 목사로서 직장생활을 하며 술을 마시지 않는 것으로 마음을 정했지만, 그 소신으로 인해 다른 팀원들이 오랫동안 공들인 수고를 무너뜨리면 어떡하나 조마조마한 마음으로 분위기를 더 띄우면서 그 자리를 지켰다.

그날 이후로 직장생활을 하면서, 특히 영업을 하면서 술을 하지 않는 분들을 보는 눈이 달라졌다. 영업을 하기 위해 영향력 있는 한 사람의 명함 한

장을 받는 일은 대단히 어렵다. 팀인 경우에 자리를
마련하기 위해 머리를 모으고 수고를 해야 한다. 그런
상황에서 믿음이라는 개인적 소신을 위해 동료들에게
피해를 줄 수 있음을 이겨 내야 하는 상황을 실제로
경험해 보니 교회에서 성도들이 직장에서 권하는
술에 대한 어려움을 토로했을 때 더 격려해 주고
위로해 줬어야 했는데, 라는 생각이 들었다. 믿음으로
술을 마시지 않는 것은 목사가 생각하는 결단보다 더
진지하고 무거운 결단임을 깨달았다. 그리고 이런
상황에서 소신에 영향받지 않고 한 마음이 되어 좋은
성과를 이어 가기 위해서는 평소 동료들에게 신뢰를
쌓아야 함을 알게 되었다.

세리의 세상으로 찾아가신 예수님

예수님께서 열두 제자 중에 세리인 마태를 부르실
때 그의 집을 찾아가셨다. 그 소식을 듣고 마태의
지인들이 모였다. 그들은 마태와 같은 세리들이었고,
죄인들이었다. 여리고에서는 예수님께서
세리장이었던 삭개오를 찾아가시고 그의 집에

들어가셨다. 당시 세리는 유대인들에게 부정한 사람 취급을 당했다. 창기와 이방인들처럼 대했고, 그들과 있는 사람들도 의심의 눈초리로 보며 그 의도를 물었다. 바리새파 사람들은 세리였던 마태의 집에 예수님이 들어가시고, 그의 집을 찾아온 많은 세리들과 죄인들이 예수님과 식사하고 교제하는 모습을 보며 어떻게 그들과 함께할 수 있는지에 대해 그의 제자들에게 따졌다.

> 바리새인들이 보고 그의 제자들에게 이르되 어찌하여 너희 선생은 세리와 죄인들과 함께 잡수시느냐 (마태복음 9:11)

그러자 예수님은 말씀의 작은 것도 빠트리지 않고 지키는 것을 자랑으로 삼던 바리새인들을 위해 온 것이 아니라 불의한 삶을 살아왔던 사람들을 위해서 왔다고 말씀하신다. 그리고 그들과 함께하기 위해 그들이 부정하다고 여기는 마태의 집으로 들어가셔서, 그와 어울리는 사람들과 그들이 먹는 음식을 먹는 것에서부터 시작하셨다. 그 자리에서의 대화나 그들의 모습을 보는 것이 쉽지 않았을 수도 있었을 것이다. 그들은 자신의 정욕과 탐욕을 채우고, 그것을 위해 수단과 방법을 가리지 않는

것에 익숙했다. 같은 민족이자 착취의 대상이었던
유대인들이 눈빛으로 전하는 경멸과 함께 전해지는
수치심에 이미 익숙해진 이들의 대화 주제에 불편한
것들이 왜 나오지 않겠는가. 그러나 예수님과 그들의
분위기는 유쾌했던 것으로 보인다. 마태의 친구들이
그의 집에 모여 시간을 보냈을 때도 분명 화기애애한
자리로 이어졌을 것이다. 그리고 예수님의 모습은
바리새인들의 공격에도 흔들리지 않는다. 예수님은
여리고의 세리장인 삭개오의 집에 다시 한 번 가자고
말씀하신다. 그는 그들을 찾아가시고 그들의 세상으로
들어가셨다.

　　내가 만난 사회인들은 마태와 같은 세리, 죄인들이
아니다. 예수님 이야기를 하면 분명 정색하거나 경멸의
눈빛을 전할 것 같기는 해도, 그들은 모두 예수님이
부르시는 음성을 들어야 할 사람들이다. 예수님이
나를 통해 직장에서 그들의 이름을 부르실 수 있는
기회들을 주셨다. 내가 떠난 세상의 한복판에 여전히
있을 사람들에게 동료로서 믿음으로 권한다면
예수님과 같이 먼저 그들을 찾아가고, 그들이 만족하고
행복해할 수 있는 곳으로 함께 갈 수 있는 기회를
부지런히 준비해서 초대하자고 말하고 싶다.

chapter 4

여호사밧
프로젝트

지혜가
절실한 시대

직장인들을 만나면 가장 많이 나누는 기도
제목이 '지혜'다. 주요 프로젝트를 맡았을 때, 동료와
직장상사와 관계가 어려울 때, 세상 속에서 믿음을
지켜야 할 때, 인생에서 중요한 결정을 해야 할
때…. 내용은 다르지만 동일하게 하나님의 지혜를
구하며 기도 제목을 나눈다. 가정을 위한 기도제목도
마찬가지다. 배우자와의 관계에서의 지혜, 자녀들을
대할 때의 지혜, 특별히 워킹맘들이 자녀들을
믿음으로 키우려고 할 때 필요한 지혜의 기도를 가장
많이 부탁한다.

믿는 사람이든 그렇지 않든 앞으로도 '지혜'는
이전보다 더 필요한 시대가 될 것 같다. '2021년
하반기 지역별 맞벌이 가구 및 1인 가구 고용
현황'이라는 통계청 자료에 의하면 맞벌이 가정이
582만 3,000가구로 통계 집계 이후로 가장 크게
증가했고, 그중에서도 주말부부의 비율은 10년 전보다
50퍼센트가 증가한 12퍼센트(69만 7,000가구)가 되었다.
이렇게 많은 직장인들이 하루의 일과를 사회에서
보내고, 두 번째 하루 일과를 가정에서 시작해야

한다는 의미이다. 맞벌이 부부의 8쌍 중 1쌍이
주말부부라는 것은 그 일을 어느 한 사람이 과중하게
맡게 되고, 배우자와의 대화는 이전보다 더 어렵게
됨을 뜻한다. 그래서 신뢰를 이어 가고, 자녀들과
친밀한 관계를 쌓아 갈 수 있는 지혜가 필요하다.
지혜에 대한 필요는 젊은 세대인 Z세대, 밀레니엄
세대인 2030 청년들, 심지어 예수님을 믿지 않는
이들도 목사의 말에 귀 기울이며 지혜를 찾을 만큼
절실하다.

　　2021년은 코로나 2년차였다. 첫째 아들이
실내에만 있는 것이 안타까워 집 근처 실내 암벽장
(클라이밍)을 찾았다. 그곳에는 수많은 20대 청년들, 30대
직장인들이 모여 있었다. 크리스마스가 되면 대회를
여는데 소박하면서도 진지한 대회 모습이 2000년대
초반 한창 뜨거웠던 교회 대학부의 모습 같았다.
이들의 문화는 꽤 달랐다. 시간의 길이가 어떻든
클라이밍이 삶의 중심이었다. 타인의 시선보다는
잘하든 못하든 자신이 풀어야 할 숙제, 오늘 내가
계획한 성장에 관심이 있었다. 그리고 두려움과
고통을 감내하는 모습이 인상적이었다. 수준을 한 단계
올리려면 필요한 근육을 키워야 하고, 부상이 오면
시간이 꽤 걸리는데 기다리고 참아서 다시 도전했다.

극도의 Z세대의 특징인 것도 같고, 자기들의 세계가
확실한 서브컬쳐(Subculture)의 성향도 강한 것 같다.

그곳에서 한 친구를 만났다. 20대 중반의 같은
반 친구는 40대인 내가 어디에서 클릭이 되었는지
첫날부터 형이라고 불렀다.

"형! 저 하고 싶은 것이 있는데 도전해 보고 싶어요.
콘서트나 공연하는 회사에서 일해 보고 싶어요."
"야, 그런데 연구실에 있었던 거야? 우리 어떤
회사가 가능한지 찾아보자."

며칠 후, 점심에 만나서 순대국을 먹으며
시행착오를 나눈다.

"형! 저는 보험은 안 맞는 것 같아요. 사촌형 소개로
했는데 생각했던 대로 안 맞네요."
"그래! 수고했어. 우리 시작한 알바를 열심히
하면서 또 도전해 보자."

"형! 설문조사를 했는데 뭐가 나왔는지 알아요?
농사가 어울린대요."
"대박! 다음 주 토요일에 우리교회 주말농장 가자!"

"형! 정말 가고 싶어요. 몇 시에 가세요?

"형! 알바하던 곳에서 정직원 제의받았어요."
"정말? 대단한데. 좋다! 능력자!"
"형! 아이들 데리고 오세요. 둘 다 데리고 오세요!"

　이 친구는 대형 쇼핑몰의 어린이 스포츠클럽의
알바로 시작해서 자리를 잡아 가고 있다. 이들은
신뢰나 인격적인 관계에서 문이 열리면 어느
세대보다도 편견 없이 대하며 소통하고 대화한다.
그리고 삶의 본질에 대해 개인적으로 답을 찾고자
씨름한다. 그래서 이 친구를 만나면 지극히
개인적이고 소박한 대화가 열리며 질문이 쏟아진다.
자신이 원하는 것을 궁금해하고, 할 수 있는 일이
무엇인지 실험하고 싶어 한다. 그리고 소박하고
겸손하지만 열정이 있기에 하루에 두 번의
아르바이트를 겁내지 않는다. 20대 청년의 이직,
취직의 고민, 진정으로 원하는 것을 찾고자 하는
고민을 들으며 또 한 명의 도심 청년을 사랑하게
되었다.
　젊은 사업가들과도 마찬가지다. 그들은 다양한
상황 속에서 갈급하게 지혜를 찾고 있다. 신뢰를 줄

만한 멘토를 찾고 있고, 힘을 실어 줄 믿을 수 있는
투자자를 만나고 싶어 한다. 최근 Z세대가 많이
몰리는 곳에 성도들과 같이 찾아가서 배우다가 그
업계의 가장 큰 회사 대표에게 풀타임 채용 제안을
받았다. 그 대표는 밀레니얼 세대(1980년대 초반~2000년대
초반 출생한 세대)여서 나보다 나이가 적지만 그 업계에서
인정받는 사업가였고 가장 유명한 유튜버이기도 했다.
내가 목사인 것을 알면서도 제안했기에 정식으로
면접을 보는 시간이 기다려졌다. 면접 장소는 대표의
제안으로 명동에 있는 테이블처치에서 하기로 했다.
알고 보니 그는 이곳 교회 건물 근처에서 직장생활을
11년 했다고 한다. 승진에 대한 압박과 과도한 업무를
견디며 달려가다가 공황장애가 왔고, 그것을 이겨
내기 위해 시작한 취미생활에서 가능성을 보고 업계로
뛰어들었다.

　　하나님의 뜻이었는지 대화는 편하게 시작되었고,
밤 8시에 시작한 인터뷰는 새벽 1시 15분이 돼서야
끝이 났다. 그동안 인생 이야기, 사업 이야기를
주고받으며 인터뷰는 뒤로 밀리고 밀렸다. 그리고
인터뷰를 시작할 즈음에는 일을 같이하는 것보다
이렇게 가까운 거리에서 세상을 함께 살아가는 이웃,
친구로 지내는 것이 좋을 것 같아 같은 세상에서

다른 생각과 시각을 가지고 있는 사람과의 영감을
주고받자고 이야기를 나누었다.

　집에 돌아오면서 예수님에 대한 이야기를 어떻게
그렇게 자연스럽게 나눌 수 있었을까 궁금했다.
멘토를 찾는 사업가에게 목사가 매일 만나고 한 번도
실패하신 적이 없는 상담가이자 조언가인 예수님을
전했을 때 하나님은 어떻게 그로 하여금 그 이야기를
진지하게 듣고 잠시 생각에 잠기게 하셨을까 생각해
보았다. 그 이유를 단순하게 생각해 보면, 이 시대를
살아가는 도심의 사람들은 이전과 다르지 않게 진리를
찾고 지혜를 구하는 구도자들이기 때문이다. 그렇기에
하나님의 말씀인 성경과 지혜, 그 자체이신 예수님이
구도자들과 인격적으로 만날 때 반응하고 움직이고
눈이 열리는 것이다.

여호사밧
프로젝트

　남유다의 네 번째 왕이었던 여호사밧은 성경을
쓴 저자들 중, 역대기를 쓴 이스라엘 역사가들의

많은 사랑을 받은 왕이다. 포로시대가 끝난 이후 예루살렘 성전을 재건하고 이스라엘 백성들을 세우기 위해 서기관들이 모든 역사를 되짚을 때, 눈에 들어온 왕이 바로 여호사밧이다. 그는 왕이 되었지만 하나님을 사랑하는 마음이 특별했던 사람이다. 그러나 그가 왕이 되었을 때는 그런 믿음을 유다의 모든 백성들과 함께할 수 없는 상황이었다. 평생을 온전하게 하나님을 섬겼다는 평가를 받은 아사왕과 같이 하나님의 말씀에 순종했지만 백성들은 그렇지 않았다(대하 17:4). 이 차이를 해결하기 위해 개혁을 시작한다. 그는 남유다의 국경을 먼저 살피고, 굳건하게 지킬 수 있는 시스템을 정비하자마자 남유다 전국에 있는 우상들과 산당들을 먼저 정비한다. 가장 근본적인 것은 오직 하나님을 경외하는 삶으로 바꾸는 것이다. 내 삶의 주인이 다른 것이 됨을 용납하지 않고, 멈춰서 손에 쥔 우상을 내려놓는다. 두 번째로 백성들에게 지혜자들을 보낸다.

그가 왕위에 있은 지 삼 년에 그의 방백들 벤하일과 오바댜와 스가랴와 느다넬과 미가야를 보내어 유다 여러 성읍에 가서 가르치게 하고 또 그들과 함께 레위 사람 스마야와 느다냐와 스바댜와 아사헬과 스미라못과 여호나단과 아도니야와 도비야와 도바도니야 등

레위 사람들을 보내고 또 저희와 함께 제사장 엘리사마와 여호람을

보내었더니 그들이 여호와의 율법책을 가지고 유다에서 가르치되 그 모든

유다 성읍들로 두루 다니며 백성들을 가르쳤더라 (역대하 17:7-9)

여호사밧은 3년 동안 모든 상황을 파악하고 그의
뛰어난 신하들을 유다 여러 성읍에 보낸다. 그리고
백성들을 가르치게 한다. 한곳으로 모으는 것이 아니라
흩어 보내어 신하들이 찾아가게 한다. 하나님을
신실하게 섬겼던 아버지 아사의 나라, 그와 같은
믿음으로 나라를 정비하고 우상을 제거하며 나라를
세우는 그의 믿음과 진심을 본 신하들이 직접 만나서
전하고 가르치게 한다. 신하들을 각 마을로 보내서
가르치는 여호사밧과 지도자들의 모습을 성경의
말씀으로 남겨 둔 이들에게 깊은 감사가 우러나온다.
이런 자세와 태도가 지혜다. 신하뿐만 아니라
제사장들도 각 마을들로 흩어졌다. 제사장들은 한
성읍도 빠짐없이 찾아갔고, 그곳에서 하나님의 율법을
가르쳤다. 제사장들이 근본적인 진리와 지혜의 말씀을
통해 가르치고, 이 나라를 다스리는 지도자들이
성경적인 지혜와 비전을 선포하면서 그 나라의 믿음과
지식의 격차는 좁혀졌다. 그리고 그들은 한마음이
되었다.

그것을 보여 주는 영광스러운 전투가 역대하 20장에 나온다. 모압과 암몬이 힘을 합쳐 큰 군대를 만들어 쳐들어 왔기에 당해 낼 수 없는 규모를 본 남유다는 압도되고 두려워했다. 그때 여호사밧은 온 백성들과 여호와 앞에 섰다. 그때 아기와 아기 엄마들, 그리고 어린아이들도 함께 섰다(대하 20:13). 하나님의 예언이 그들에게 임하자 그때도 여호사밧만이 아니라 모든 백성이 여호와 앞에 엎드렸다(대하 20:18). 그리고 하나님만 알고 계시는 복병이 작전을 시작하자 공격받은 암몬과 모압과 세일 산 사람들은 시간이 지나면서 자기들끼리 공격하는 일이 벌어지며 모두 전멸되었다.

승리의 감격을 누릴 때까지 역대기를 쓴 이들은 남유다 백성 모두가 여호사밧왕과 함께했음을 강조한다. 두려움을 느꼈지만 모두가 여호와만을 바라보며 그 앞에 섰던 모습, 전쟁 중에 말씀하신 하나님을 전적으로 신뢰하며 경배하는 모습은 더 이상 왕과 백성들이 믿음의 차이를 가진 걸로 보이지 않는다. 그들은 온전한 믿음 공동체가 되었다. 이번 책의 내용으로 본다면 여호사밧과 그의 신하들은 모든 백성과 여호와 앞에 서고 찬양하며 감사하는 보이지 않는 교회를 세운 것이다.

흩어지는
처치빌더들

여호사밧은 백성들이 있는 여러 도시들로 자신의
뜻을 이해하고 신뢰하는 신하들을 보냈다. 하나님의
말씀을 이해하는 이들이 말씀을 가감 없이 들을 수
있도록 레위인들과 제사장들을 모든 마을로 보냈는데,
그의 뜻이 백성들에게 직접 닿을 수 있도록 가까이 간
것이다.

도심에서 목회하면서 복음을 전한 사람들,
모임에서 만난 도심의 크리스천들이 성숙의 길로
들어가면서 해야 할 일은 무엇일까 생각할 때, 그것은
흩어지는 것이다. 믿지 않는 이들에게 흩어져 복음을
전하고, 크리스천이지만 믿음의 삶이 세워지지
않았다면 찾아가 그 삶의 자리에서 세우도록 돕는
것이다. 감사하게도 개척 3년차가 되면서부터 도심의
크리스천들이 그렇게 시작해 보려는 마음을 전하고
있다.

먼저 SNS에서 시작하신 분이 있다. 2년 정도
함께한 신우회 회원이 인스타그램 사역을 시작했다.
도심 사람들과 책의 좋은 문장들, 아이들과 집에서
나눈 기도의 문장들, 남기고 싶은 일기의 문장들에

이미지를 입혀 올렸다. 그렇게 올린 이미지와
메시지가 1년 반 동안 810개나 된다. 그렇게 시작한
이분의 은혜 나눔은 새로운 일의 모티브가 되었다.
먼저 성도들과 도심 크리스천들에게 보내는 이메일
구독 서비스로 이어졌다. 《C. S. 루이스, 기쁨의
하루》라는 묵상집을 보고 자매는 글을 썼다. 스타트업
디자이너인 스낵타임 식구가 그림을 그리고, 그 위에
편지를 얹었다. 그것을 받기 원하는 신청자들에게
이메일 구독 서비스를 시작했다. 두 달 동안 매일
새벽 5시에 도심 크리스천들에게 이메일이 도착하고,
받은 이들은 복음을 전하고 싶은 사람들과 그 글이
필요하다고 느끼는 사람에게 전달했다. 그렇게
시작한 이메일 구독 서비스는 매일 보내지는 기도카드
사역으로 이어져서 지금도 매일 새벽 5시에 보내고
있다. 앞으로도 이분과 하는 새로운 일은 여호사밧의
신하들과 제사장들처럼 복음과 성경의 메시지를 듣고
하나님의 백성을 찾아가는 일이 될 것이다. 그리고
그분의 회사와 도심에서 이웃의 온기가 닿을 수 있는
곳으로 찾아가 무너진 백성들의 삶을 세우는 일을
이어 갈 것이다.

　　또 다른 한 분은 교회의 성도이다. 이분은 따뜻한
마음으로 다가가 진심으로 대하기 때문에 어떤

사람이든지 마음을 열게 한다. 성수동에서 예배를
드릴 때는 교회 옆 놀이터에서 놀던 아이들의 가정을
데리고 와 복음을 전하기도 했다. 화가인 이분이
계신 양평의 예술가들의 모임에서 섬기는 일을 맡아
하고, 아이들의 미술교육을 위해 할 수 있는 일들을 늘
자신이 살고 있는 곳에서 찾는다. 그리고 며칠 전에는
남편이 평택에서 일자리를 잡게 되었는데 그곳에서
격주로 드리는 온라인 예배를 드리고, 주일에는
이웃들과 함께 모이겠다고 했다. 남편은 신학원을
다니다가 중간에 그만둔 분이었다. 그분을 신뢰하기에
걱정하지 않고 격려해 주었다.

"목사님, 저희 격주로 이웃의 가정들을 한 번씩
초대해서 시간을 가지려고요. 그렇게 저희 가정이
교회가 되는 것을 경험하고 싶습니다."
"좋은 생각이에요. 그렇게 보이지 않는 교회가 되어
주세요. 너무 기대되는걸요."

자신의 사업장에서도 하나님께서 보이지
않는 교회를 세우시길 꿈꾸는 한 성도가 있다.
다국적기업에서 임원까지 하면서 커리어를 쌓아
왔고, 인생의 후반전을 골프로 시작했다. 취미로

즐기던 것에서 전문가로서 레슨을 할 수 있는
LPGA(미국여자골프협회) 공식 티칭 프로 라이센스
도전으로 이어졌고 꿈을 이뤘다. 그리고 동료들,
그녀를 찾는 사람들과 새로운 인생을 열어 가고 있다.
필드는 그녀를 찾는 학생들이 골프를 배우는 학교일
뿐만 아니라 세상을 바라보는 관점과 지혜에 대한
대화를 나눌 수 있는 공간이 되어 준다. 그곳에서
하나님은 성도가 골프를 시작해 프로로서 왜 그곳에
있는지에 대해 알려 주신다. 나는 필드가 복음을
전하고 마음으로 드리는 예배소가 될 수 있고,
성도의 사랑을 주고받는 근사한 교회가 될 수 있다고
생각한다.

지혜로워지는
교회

여호사밧 프로젝트를 지금의 언어로 본다면,
교회 된 남유다의 왕이 신하들과 레위인, 제사장들과
함께 모든 마을로 흩어져서 남유다 마을 공동체들을
교회답게 만든 사역이라고 생각한다. 모든 마을로
흩어져서 백성들을 찾아간 이유는, 교회답게 하기

위해서는 그들의 삶을 보고 이해하고 그들의 변화를
볼 수 있을 만큼 가까이에 있어야 하기 때문이다.
여호사밧이 제사장들과 레위인들을 보내고 모든
신하들을 보낸 이유는 한 사람이 맡을 수 있는 것은
제한적이기 때문이다. 많은 사람이 필요하다.

그들이 흩어져서 전하는 하나님 나라의 진리와
믿음의 사람인 그들의 왕이 전하는 내용은 '지혜'다.
교회에는 지혜가 있을까. 그렇다. 하나님의 말씀이
지혜다. 이 땅에 오신 예수님, 십자가에 죽으시고
부활하신 예수 그리스도가 지혜다. 또한 그것을 믿는
크리스천들이 말씀과 예수님의 은혜를 깨닫고, 그것을
근거로 분별하고 결단하며 살아가는 것은 '지혜의
재해석'이다.[7] 그렇게 지혜가 선포되고 재해석되어
더해지는 지혜는 교회에 가득하다. 그렇다면
논리적으로 교회는 지혜로워지는 사람들의 공동체다.
그곳에 가면 세상과 다른 지혜가 있는 지혜자들을
만날 수 있어야 한다. 도심의 크리스천들이 함께하는
모든 모임들, 예배들, 교회들이 그런 지혜자들이
있는 곳이라고 생각되는 날이 오길 바라며 바이블

[7] 스캇 맥나이트,《목회자 바울》
(새물결플러스, 2021).

무브먼트와 북클럽과 예배를 이어 간다. 그리고 그렇게 살아가는 믿음의 사람들이 여호사밧 프로젝트처럼 도심 속의 주인 되시고 왕 되신 예수님께서 보내실 믿음직한 신하, 제사장이 되어서 모든 마을로 찾아가려고 한다. 목사 혼자가 아닌 도심의 크리스천들과 함께.

chapter 5

SNS로
개척하는
교회

인스타그램,
여기서부터

　목회를 시작하던 즈음 트렌드의 흐름을 알기
위해 리서치를 하던 중 한창 바쁠 젊은 세대들이
지하철, 버스에서 주로 인스타그램을 하는 모습을
보았다. 당시 SNS라면 주로 유튜브만을 떠올릴 때였다.
그런데 지하철에서 손가락을 위아래로 빠르게 넘기는
이들은 물리적으로도 시간적으로도 유튜브 영상을
끝까지 볼 여유가 없는 사람들이었다. 감각 있고
메시지가 있는 인스타그램의 이미지와 짧은 영상이
바쁜 직장인들의 취향을 저격한 것 같았다. 그리고
이들은 DM(인스타그램 다이렉트 메시지)으로 소식을
주고받고, 유명 인플루언서들에게도 직접 연락할 수
있어 보였다.

　이후 도심에서 직장인들과 소통하고 복음을
전하기에 가장 적합한 플랫폼으로 인스타그램을
선택했다. 연령대, 문화적 취향을 이들에게 맞추어
그들이 가장 편하게 쓰는 인스타그램을 메인
소통창구로 정하고, 테이블처치의 메인 도메인
(www.seoultablechurch.org)을 연결했다. 그리고 나서는
인스타그램을 또 하나의 선교지로 생각하고

공부했다. 사람들을 찾아가 팔로워가 되고, DM을
주고받았다. 성경을 자랑하고자 만든 굿즈들을 보고
도심의 사람들이 연락했고, 그들에게 기쁘게 보내
주었다. 같은 시기에 개척한 목사들의 모임에서 한
목사님은 테이블처치의 인스타그램이 인상 깊었는지
나를 도심에서 SNS로 목회하고 전도하는 사람으로
소개했다.

　인스타그램의 특징은 이미지다. 메시지를
시각적인 이미지와 짧은 영상으로 전한다. 이미지
밑에 글을 길게 쓰는 이들은 많지 않다. 글을 쓰더라도
이미지의 여운을 남기고자 하는 의도가 느껴진다.
SNS의 페이스북과 네이버 블로그 같은 경우에는
텍스트로 글에 메시지를 담는다면 인스타그램은
감각적으로 느낌을 전하고, 즉각적인 재미와
영감을 느끼게 한다. 페이스북처럼 지인들의 소식을
주고받을 수도 있고, 전 세계의 사람들과 더 가까운
거리감으로 메시지들을 쉽고도 가볍게 접할 수 있다.
자신의 취향을 저격한 사진들과 영상들로 시각과
감각의 안목뿐만 아니라 지식과 정보의 지경을 넓혀
준다.

　내게 인스타그램의 센스 있는 짧은 문장들,
트렌드를 직관적으로 느끼게 해주는 해쉬태그를

붙인 키워드들은 패션잡지의 기사와 같다. 개성이 강한 이미지들은 수많은 전문가들의 스냅사진 같고, 감각 있는 일반인들이 뽐내는 포트폴리오처럼 느껴졌다. 어느덧 인스타그램의 바다에 빠졌고 그 안에서 나만의 잡지를 만들어 갔다. 그곳은 수없이 더하고 빼고 선별하여 팔로우한 1,200여 명의 작가들이 매일 성실하게 수고해서 만들어 주는 맞춤형 매거진이다. 그리고 테이블처치의 인스타그램이 예수님을 믿는 사람에게는 영감을 주고, 믿지 않는 사람들에게는 놀러오고 싶은 곳이 된다면 정말 근사하겠다는 생각을 했다. 그렇게 믿지 않는 이들에게 교회가 나와 다른 세상을 살아가는 사람들의 모습을 호감을 갖고 볼 수 있는 화보집이 되길 바라며 시작했다. 지금도 도심 크리스천들에게 그런 매거진이 되어 가길 바란다.

인스타그램의 미래

전체 직장인들 중 인스타그램을 좋아하는 사람들은 얼마나 될까. 닐슨 코리안클릭의 조사 결과 2021년 4월

기준으로 유튜브가 3766만 명으로 순방문자 수가 가장 많다. 다음이 밴드(1965만 명)이고, 인스타그램 (1855만 명), 페이스북(1371만 명), 카카오스토리(919만 명), 트위터(517만 명) 순이다. 연령대별로 보면 10~30대는 인스타그램을 가장 많이 사용하고, 40~50대는 밴드를 가장 많이 사용하는 것으로 나온다. 전년 동월 대비해서 인스타그램, 트위터, 틱톡은 증가하고, 페이스북과 카카오스토리는 감소하는 추세를 보이고 있다. 통계를 보면서 생각보다 많은 사람들이 인스타그램을 보고 있음을 깨닫는다. 개척하기 전에 출퇴근하는 지하철에서 젊은 직장인들의 손가락이 다른 방향으로 많이 움직이는 것을 특별하게 보여 주시고 기억 남게 하신 것은 하나님이 소명을 주시기 위한 메시지였다는 생각이 든다.

인스타그램만이 가진 문화가 있다. 주목할 점은 '가까운 거리감'이다. 2020년 초에 코로나 사태가 시작되면서 비대면 사회를 마주하게 되었을 때 어떤 라이브 방송으로 해야 할지 고민했다. 테이블처치는 2020년 2월 23일에 비대면으로 처음 온라인 예배를 드릴 때 유튜브, 페이스북, 인스타그램을 모두 사용해서 예배를 드렸다. 모든 것이 처음이어서 어리숙했지만, 세 가지의 플랫폼 중에서 단연 인스타그램이 가장 만족스러웠다. 라이브를 찍고 있는 휴대폰 화면으로 성도들의 인사들이 댓글로 전해졌다. 처음 온라인 예배를 시작할 때 인스타그램을 접하는 성도들의 인상은 영상통화를 하는 느낌이었다. 이후로 2021년에 랜선 성지순례를 기획했던 '랜선트레킹'을 제외하고는 모든 영상콘텐츠의 SNS 메인 플랫폼은 인스타그램이었다. 인스타그램의 영상은 유튜브와 다르게 수수하다. 유튜브와 함께 제작하는 것이 아닌 인스타그램만으로 라이브를 찍을 때는 유명인들도 편집 작업과 배경에 신경을 쓰지 않는다. 조금 더 가까운 거리에 초점을 맞추고, 부담스러우리만큼 가까이 보이는 얼굴의 표정으로 온기가 있는 메시지를 전한다. 그리고 이것을 좋아하는 사람들이 인스타그램으로 라이브를 한다.

코로나로 도전하는 딥택트

성도들에게 설명해 주고 때로는 설득하면서 모든 소통을 SNS로 집중하며 어느 정도 자리를 잡고 있었다. 그러던 중 전 세계를 강타한 코로나 충격에

휩싸인 가운데 한 뉴스의 인터뷰가 테이블처치의
SNS에 대한 다음 단계를 열어 주었다. 당시는 코로나
사태가 터지면서 이제 막 사회적 거리두기를 시작하며
'언택트'라는 말이 나오기 시작할 때였다. 뉴스의 한
인터뷰에서 나온 딜라이트 컨설팅 김경준 부회장은
언택트 시대에서 컨택트를 잘하는 회사가 생존할
것이고, 이전보다 더 친밀한 딥택트를 만들어 내서
새로운 기회와 가능성을 보여 줄 것이라고 진단했다.
그리고 도미노 피자를 성공의 예로 들었다.

　도미노 피자는 언택트 시대에 딥택트를 이루기에
준비되어 있는 가장 좋은 예였다. 전통적인 음식점
사업인 도미노 피자는 경쟁업체가 많아지면서 생긴
경영난에 IT기술을 접목한 주문배달 형식의 다변화로
승부를 걸었다. 그리고 코로나 사태가 발생했을 때
도미노 피자로 주문할 수 있는 플랫폼은 36개나
되었다고 한다. 저마다의 이유들로 선호하는 플랫폼이
다를 수 있지만, 그곳에서 자신의 취향이 반영되고
익숙한 곳에서 빠르게 받을 수 있는 다양한 플랫폼이
준비되어 있었던 것이다.

　코로나 사태가 시작된 후에 테이블처치에서
가능했던 새로운 플랫폼의 시도는 유튜브, 네이버
블로그, 이메일 구독 이렇게 세 가지였다. 유튜브는

온라인 예배를 시작하면서 아이들과 큰 화면으로
봐야 하는 분들을 위해 시작했다. 그리고 상황에
따라 기술과 편집이 필요한 때에 선택적으로
사용했고, 특별히 성경의 현장에 계신 사역자들과
만든 랜선트레킹이라고 하는 라이브 영상을 성도들과
함께할 때 요긴하게 사용했다.

글로 소통하는 성도들을 위해서는 네이버
블로그를 시작했다. 전도하고 있는 도심의
크리스천들과의 북클럽은 테이블처치 인스타그램
라이브와 플랫폼 회사인 빈티지앤뉴 네이버
블로그에서 수요일마다 올리는 연재글로 2020년
12월부터 시작했고, 지금까지 이어 가고 있다.
예배에 참석하고 있는 교인들과 정보를 소통하는
창구로는 카카오채널을 사용하고 있다. 가장 많은
정보를 빠르게 직접 소통할 수 있기 때문에 그곳에서
주일예배에 필요한 핸드아웃과 악보, 그리고
가정예배를 위한 내용들을 나누고 있다.

현재 시점으로 가장 마지막으로 시도하고 있는
이메일 구독 서비스는 올해 이후로 집중하고자 하는
사역이다. 작년 가을부터 말씀을 매일 3장씩 읽고
기도제목을 나누는 일을 교인들과 도심에서 믿음의
교제를 하는 분들에게 하루에 한 번 메일링하고 있다.

메일 확인을 많이 하는 직장인들에게 구독 서비스도
SNS와 같은 역할을 하는 것으로 볼 수 있다. 그러나
다른 플랫폼보다 더 많은 이들이 쉽게 접근할 수 있고
누군가에게 전달하기에 용이하며, 다른 모습으로
재생산될 수 있기를 기대한다. 많은 사람들이
친숙하게 접하며, 만드는 이의 의미가 수신자에게
전달될 수 있다면 이전의 SNS를 이용한 소통과 다른
물결을 만들 수 있다.

의미라는
스파크

SNS를 포함한 다양한 채널로 사람들을 찾아가고
하트를 눌러 소통하기를 시작하고, 전해진 메시지로
그들에게 복음의 의미가 전달된다면 그것만으로도
역할을 다한 것이라고 생각한다. 코로나로 시작된
언택트 시대가 컨택트를 시도하는 이들로 딥택트를
경험한다는 것은 교감의 의미보다 더 깊숙이 들어가는
것을 의미한다. 취향이 다양해지고 있기에 MZ세대에
대해서는 기준을 세우고 정의 내리기가 어렵다.
야마구치 슈의《뉴타입의 시대》에 나오는 뉴타입의

인간들은 '의미를 밝히는 이들'이다. 새로운 사고와
유연한 행동양식을 가진 뉴타입은 제각각의 취향을
가진 이들을 찾아내고, 찾아갈 것이다. 그러나
중요한 것은 이들이 소수일 가능성이 높다. 정해진
인원에서 더 많은 종류로 나눠진다면 하나의 취향의
기준으로 봤을 때, 그 수는 이전보다 적을 수밖에
없다. 그런데 감사하게도 기술의 발전으로 적은 수의
인원들이 소식을 들을 수 있는 통로들이 열렸다.
다양한 플랫폼은 취향이 다른 이들이 아무리 넓게
퍼져 있어도 닿을 수 있다. 이것을 변화하는 제품으로
본다면 '글로벌×니치(Niche, 틈새)'로 소개할 수 있다.
특정 고객층이 있더라도 로컬(지역)이 아닌 글로벌로
판매를 한다면 생존할 수 있게 된 것이다. 이것을
보여 주는 것이 '글로벌×니치'이다. 예전에는 만날
수 있는 사람들이 제한적이었다. 그래서 내가 있는
곳에서 가능한 한 많은 사람들을 만나야 했다.
(많은 사람들에게 보여지고 주목받는 것이 필요한 시대를 야마구치 슈는
'로컬×메이저'로 표현한다.) 그러나 찾아갈 수 있는 곳도
다양해지고, 더 멀리 갈 수 있는 온라인 플랫폼과
기술이 합해지면서 적은 수이지만 자신의 취향을 갖고
있는 이들(니치)을 향한 사업이 가능해지게 되었다.
　　복음도 마찬가지이다. 인스타그램으로 디자인을

보고 들어온 사람들과 피드백을 주고받는다. 네이버 블로그에서는 새롭게 사업을 시작하는 사람들과 소통한다. 새벽 5시에 도착한 이메일 구독서비스로는 수많은 업무메일에 앞서 짧은 말씀과 기도로 하루를 시작하고자 하는 도심 크리스천을 만난다. 복음이라는 메시지를 도심 깊숙이 자리 잡은 이들에게까지 찾아가 그들의 문화라는 언어(컬쳐)로 전하는 것을 이어 가는 수고가 앞으로 어떻게 바뀌어 갈지 궁금하다. 분명 메타버스를 통해서 한 번 더 크게 바뀔 것 같다. 그때 지금의 것과 같이 갈 수도 있고, 새로운 것으로 갈아탈 수도 있다. 아직 살아보지 않은 미래이지만 분명 그때도 끊임없이 바뀌는 세상을 관찰하고 새로운 곳에 자리 잡는 이들을 찾아가 예수님의 마음을 전하는 일은 세상에서의 소명을 찾는 시작점이 될 것이다. 그리고 그들에게 부여된 의미는 그들의 시대에 세상을 바꾸는 힘이 되어 줄 것이다.

"예수의 제자들이 이토록 달라질 수 있었던 것은 자신의 인생에서 진정한 의미를 찾아냈기 때문이다. 그건 바로 그리스도의 복음을 세상에 전하는 일이었다. '의미'를 부여받은 것만으로 그들의 능력과 행동은 비연속적으로 변화했다. 예수의 열두 제자는 리더가

의미를 부여함으로써 구성원들에게서 얼마나 엄청난 에너지를 이끌어 낼 수 있는지를 보여 주는 좋은 예이다."[8]

8
야마구치 슈,《뉴타입의 시대》
(인플루엔셜, 2020), 76.

chapter 6

주말농장,
그린테이블

한 해
농사

2021년은 한 해 농사를 지어 본 첫 해였다. 농사는 5월 첫 주에 시작해 11월 셋째 주에 마쳤다. 첫 번째 시즌의 농사는 5월부터 7월까지 과일과 야채를 길렀고, 7월부터 11월까지의 두 번째 시즌은 김장을 위한 야채로 재배했다. 2021년 초만 해도 양수리에서 한 해 동안 지었던 농사는 상상도 하지 못했다. 짧은 통화에서 시작된 교회의 주말농장 '그린테이블'은 온 교인의 놀이터가 되었다.

"목사님, 기도해 주세요. 어머니가 허리를 다치셨어요."

"아, 그렇군요. 하나님께서 농사짓느라 수고하셔서 쉼을 주시나 봐요."

"그런데 엄마가 쉬실지 모르겠어요. 눈에 보이면 하실 분이어서요."

"걱정하지 마세요. 저희가 함께할게요."

이렇게 시작됐다. 농장에서 어떤 것을 심을지도 키우기 위해 무엇을 해야 할지도 모르는 상황에서

갑자기 편찮아지신 성도의 어머니의 근심을 덜어
드리기 위해 시작한 일이 커져서 한 해의 가장 중요한
사역이 되었다.

자연에서 경험하는
하나님

그린테이블을 시작할 때는 코로나가 시작된 지
1년이 넘은 시기였다. 온라인 예배를 드리던 목회를
돌아보면서 가장 안타까웠던 것은 아이들이었다.
한창 친구들과 어울려 선생님들의 사랑과 말씀으로
양육받아야 할 때에 온라인으로만 예배를 드리는
상황은 아이들에게 다양한 경험을 줄 수 있는 방법을
사방으로 찾게 했다. 풀어질 만한 길이 보이지 않아
고민하던 중에, 교인의 가정을 돕기 위해 시작한
양수리의 주말농장은 아이들에게 재밌는 놀이터이자
신나게 뛸 수 있는 교회 마당이 되어 주었다. 언제든
찾아갈 수 있는 곳에서 흙을 만지고 생명이 자라는
신비를 경험했다. 아이들이 땀 흘리며 심고 돌보았던
야채와 과일들이기에 식탁에서 훌륭한 대화의 소재가
되었고, 편식에서 벗어나는 좋은 계기가 되었다.

　　주말농장에 가장 애정을 기울였던 멤버를
꼽자면 의외로 싱글들이었다. 양수리의 두물머리에
위치한 주말농장에 가려면 아침 일찍 움직여야 했다.
서울에서 가는 길이 하나였기 때문에 외곽으로 나가는
주말 여행객들의 차들로 아침부터 주말농장에 가는
길은 막히기 일쑤였다. 그래서 교통편이 필요한
싱글들이 한 차로 가기 위해서는 새벽같이 일어나서
모여야 했다. 그들은 특별한 이유가 없으면 빠지지
않고, 3호선 신사역에서 7시에 모이기 위해 광교,
강북지역에서 달려왔다. 일하다 보면 모든 잡념이
사라진다는 것이 그들이 열심히 참여하는 공통된
이유였다. 농장 일은 손길이 필요한 잡일들이 너무
많다. 시간은 금세 지나가서 밥 때가 오고, 같은 일을
하는데도 지루하지 않다. 이 작업을 청년들이 좋아할
리 만무하다고 생각했는데 주말농장은 그들의 취향을
저격한 듯했다.

　　꿈을 이루기 위해 문이 활짝 열려야 할 때인
학생이며 사회인들임에도, 기회조차 찾기 어려운
시대를 살아가는 그들은 쉬어야 할 시간에도 삶의
무게에 눌려 생각의 고리를 끊어 내기 어려웠을
것이다. 그런데 자연에 와서 일을 하면 그런 잡념이
자연스럽게 끊어진다고 한다. 눈에 보이기에도 다른

세상이고 지극히 상식적으로 돌아가는 세상. 그럼에도 곁에서 창조주가 수고에 대한 보상을 신실하면서도 풍성하게 주시고, 아름다우면서도 향기롭게 주심을 경험하면서 그들은 밝아졌다. 그리고 농장에서 열심히 일하는 모습들을 영상과 사진으로 남기고 나누기 시작했다. 그린테이블은 훌륭한 교회가 되어 힐링의 시작이 되고 이어졌다.

가장 쉽고 확실하게 경험할 수 있는 하나님 나라

하나님 나라를 경험하고 싶다면 어렵지 않게 찾아갈 수 있는 곳이 바로 자연이다. 자연은 창조주 하나님이 세우신 질서에 따라 움직인다. 그 안에 있는 모든 생명체들이 다른 모습으로 그들의 필요에 따라 움직이지만 모든 것이 조화롭기에 그 안의 모든 생명체들은 기본적인 안정감을 갖고 있다.

주말농장을 하면서 참여한 모든 사람들은 자연의 질서에 따라 움직인다. 해가 뜰 때 일을 시작하며 산자락에 있는 생명체들과 하루를 시작한다. 처음에는

오늘 해야 할 일에 대한 비장한 각오로 시작하지만
어느새 자연의 일부로 그들과 하나가 되어 반복된
동작을 이어 간다. 그러다 보면 식구를 환영하듯
이전에 맡을 수 없는 향기를 선물하고, 그 전에 볼 수
없던 생명의 신비를 보여 준다. 개인적으로 향기를
좋아해서 여행을 가면 순간적인 첫인상을 그곳의
향기로 남길 때가 많은데, 주말농장을 하면서 가장
행복했던 순간은 열심히 일하다가 토마토 옆에서
상추를 딸 때였다. 가까이에 갈수록 토마토에서 나는
향을 맡을 수가 있었는데 어떤 향수도 줄 수 없는
싱그러우면서도 아무리 진해도 질리지 않을 만큼
고급스러운 향이었다. 자연과 하나가 되어 교감하며
그들 생태계의 일원이 되는 감격을 느낄 때, 일주일
동안 살아왔던 세상에 익숙해진 나의 생각과 일들은
모두 다른 별의 이야기가 되어서 잊힌다.

《달라스 윌라드와의 마지막 영성수업》[9]이라는
책에서 그는 하나님은 자연 속에서 역사하신다고
말한다. 그렇기에 자연이 인간에게 좋을 수밖에
없으며 그 안에 있을 때 인간은 몸과 마음이

---

[9]
짐 와일더, 《달라스 윌라드와의 마지막 영성수업》
(두란노, 2020), 49.

새로워진다고 설명한다. 자연에 갔을 때 하나님께서
내게 특별한 말씀과 치료를 안 하시더라도 하나님이
온전히 통치하시고 원하시는 것을 이루는 확실한
장소에서 시간을 보내고, 그 안에서 주어진 역할을
하는 것만으로도 몸과 마음에 치유가 일어난다는
것이다. 하나님 나라를 보고 싶은가. 산과 바다로 가라.
하나님 나라를 경험하고 싶은가. 그 안에 들어가서
자연을 채우고 있는 생명체들이 나를 받아 주었다는
생각이 들 정도의 시간을 함께 가져 보길 바란다.
하나님 나라에 속한 존재들이 그분으로 인해 받는
안심을 선물 받고, 이 땅에서 하나님 나라를 살아가는
것에 대한 소망과 가능성을 깨닫게 될 것이다.

보여 주시는 메시지

산을 걷고 바다에서 수영하는 것 외에 흙을 파고
심고 물을 주어 열매를 맺는 일은 생전 처음이었다.
그런데 훌륭한 선생님이 계셨다. 그린테이블의
주인이신 성도의 어머니셨다. 어머니는 처음부터
끝까지 필요한 것들을 알려주시고, 지나가며 건네시는

한마디로 잘못된 점을 고쳐 주셨다. 예민하지 못해서
들었어도 조치를 취하지 않거나 엉성하게 하면
여지없이 뿌리내리지 못하고 열매를 맺지 못했다.
반대로 잘못된 점을 고치면 이 녀석들이 기다렸다는
듯이 허리를 펴고 일어나듯 힘을 내어서 자라났다.

　　어머니가 가르쳐 준 방법대로 농사를 지으니
처음 짓는 농사인데도 정말 많은 수확물들이 놀랄
만큼 열렸다. 잘 자라나 벌써 열매가 맺힌다며
행복해하다가 나중에 깨달은 것은 땅이 좋아서였다는
점이다. 상수도원이기 때문에 농약을 사용할 수
없어서 어머니는 1년 동안 퇴비를 모아 놓아서 켜켜이
쌓아 숙성시켰다. 그리고 땅이 물을 잘 흡수하고
배수할 수 있도록 준비하셨기 때문에 농작물이 그
시기만큼 잘 자라 주었던 것이다.

　　우리의 마음이 옥토가 되는 것은 성경적으로
너무나도 중요하다. 어떻게 보면 좋은 땅이 되는 것이
전부이다. 씨앗은 좋은 땅에 심으면 잘 자라는 것이
자연스러운 일이다. 그 일을 농부이신 하나님께서
하시는 것에 대해 한 해 농사를 지으며 자주 생각하고
묵상했다. 하나님은 때로는 따뜻한 햇살로, 때로는
비를 내리며 땅을 준비시키신다. 트랙터로 밭을
시원하게 갈아엎듯이 고난이라고 하는 큰 쟁기로

뒤엎으신다. 그리고 검은 비닐로 밭을 덮는 멀칭을
하듯 잡초가 생기지 않도록 보호하시고, 그래도
생기는 수많은 죄 된 잡초들은 예수님의 보혈로 덮인
우리의 손으로 뽑기를 원하신다. 그리고 모든 것이 다
자라면 수고한 자들에게 수확의 기쁨을 누리게 하시며
너희들이 다 한 것이라고 말씀하신다. 그 기쁨을
고스란히 누리고 나눈 농부들은 이 모든 것이 하나님의
축복이라고 다시 하나님께 가지고 나아가 감사의
예배를 드린다.

가마솥 위의
크로와상

양수리 두물머리에 위치한 그린테이블의 시작은
가마솥 위의 크로와상으로 시작된다. 주차장에 있는
가마솥에는 새벽에 불을 붙이고 삶기 시작한 고구마를
찌고, 서울에서 사 온 크로와상을 두꺼운 가마솥 뚜껑
위에서 데운다. 사람들이 커피 한 잔을 따뜻이 채우고,
호미를 들고 밭으로 간다. 서울 안에 상주인구가 없어
보이는 명동에서 예배드리며 직장인 선교를 하고
있는 도심 미셔널 처치의 토요일 광경이다. 전도하고

있는 이웃들이 교회에 시험 들지 않도록 온라인
예배를 중심으로 드리던 교회의 성도들은 몇 달 만에
자신의 고무장화를 자연스럽게 신고, 허리를 굽혀서
농작물과의 스킨십을 즐길 줄 안다.

    4차산업이 발달하고 메타버스로 대표되는
새로운 시대의 변화에 하이브리드는 이전의 오프라인
모임보다 더 진한 온기를 전해야 가능할 것이라고
생각한다. 김상균 교수는 메타버스 공간에는 외톨이가
없을 것이라고 말한다. 소셜미디어 메타버스에서
자주 만나고 소통하다 보면 가깝게 느끼고, 그 시간이
지나면서 현실세계에서도 친밀감이 이어질 거라
착각할 수 있다고 말한다.[10] 온라인 예배를 라이브로
드리며 채팅으로 대화를 나누고, 카톡방에서 자주
만나며 매일 SNS로 만나면서 가까워지는 깊이를
유지하는 동시에, 이전보다 적게 만나더라도 현실에서
함께 깊은 관계를 확인하고 이어 갈 수 있어야 할
것이다. 하나님 안에서 우리가 누리는 영적인 유익과
복음이 주는 생명이 오프라인 안에서 깊이 전달되고,
메타버스라고 하는 새로운 세계가 현실을 더 풍성하게

10
김상균,《메타버스》
(플랜비디자인, 2020), 117.

살아갈 수 있도록 돕는 구조를 구축해야 한다. 그렇게
하나님은 온라인을 중심으로 드렸던 테이블처치의
영적인 한 해 농사를 위해 집중력과 흡입력이 있는
시간을 그린테이블에서 만들어 주셨다.

어느 누구의 설교가 없어도 한 해의 농사를 지으며
하나님이 주신 메시지를 마음에 깊이 새기며 묵상한다.
그리고 우리가 살아가야 할 세상으로 나아가서 이렇게
사는 것이 복이라고 생각하며 살아가고자 마음먹는다.
좋은 땅으로 준비하고, 믿음으로 씨앗을 심고 자라게
하시는 하나님을 도우며, 수확의 기쁨을 기대하고
누리며 살아가는 삶. 그리고 모든 것을 하신 이는
하나님이심을 진심으로 올려 드리는 삶의 예배를
도심에서 누리고 싶다.

chapter 7

브로콜리
커뮤니티

브로콜리 모양의
교회

주말농장에서 키우는 작물 중에 브로콜리가 있다. 라틴어로 '가지'라는 뜻을 가진 브로콜리는 같은 모양의 작은 가지들이 모여서 큰 꽃송이를 만든다는 의미라고 한다. 다 자란 브로콜리의 송이 부분은 촘촘하게 가득 메워져 있다. 그런데 씻은 브로콜리를 뒤집어 보면 큰 줄기 하나에 작은 가지들이 뻗어 있다. 그리고 그 가지를 가위로 자르면 커다란 한 개의 송이는 수십 개의 작은 송이로 나뉜다. 그리고 한 입에 들어가는 작은 송이는 신기하게도 처음 큰 브로콜리 송이와 같은 모양으로 생겼다.

도심에서 여러 모양의 교회를 세워 가면서 공동체에 대한 생각을 해보게 되었다. 지휘와 통제, 관리와 유지가 아닌 모두 그 자리의 특성, 모인 사람들의 개성을 존중하며 세워질 수 있는 공동체는 없을까. 롤 모델인 예수 그리스도를 함께 닮아 가며, 세상 속에서 하나님의 나라를 세워 갈 수는 없을까. 리더인 목사가 교회를 세워 가듯이 교회 안팎에서 성도들이 자신의 개성과 은사와 삶의 특성에 따라 공동체를 세워 가는 교회, 각자 하나이며 또한 전체인 공동체의 모델이 없을까 생각했다. 개척교회는 구조적으로 어느 정도의 기간 동안 1인 목회를 해야 한다. 그렇다 보니 전도한 사람들, 뜻은 모르겠지만 목사님과 함께 나이 들어가고 싶다고 모인 이웃들이 믿음의 형제자매가 되고 교회가 되어 가고 있다. 이들과 도심 미셔널 처치를 세워 가듯 교회 안에서도 리더로 세워지는 사람들이 목사의 모습을 보며 그들의 개성을 살려 작은 교회들을 세워 가기를 원한다. 그리고 시간이 걸리겠지만 이들이 교회 밖 부르심의 자리에서 직장동료들, 동종업계의 이웃들과 교회를 세워 가기를 기대한다.

이런 생각을 하던 중에 조직연구자인 정선영 교수의 조직모델에 대한 강의를 듣게 되었다. 과거, 현재, 그리고 앞으로 다가올 조직모델에 대한 수업을 듣고 이런 질문을 했다.

"작은 공동체를 유지하면서 확장할 수 있는 모델은 없나요?"

"목사와 성도들이 교회를 세우는 것을 보고, 성도들이 세상 속에서 교회를 세워 갈 수 있는 것에 접목할 수 있는 모델은 없을까요?"

"획일적인 복제가 아니라 각자의 개성을

살리면서도 각자에게 맞는 성장을 하고 각자의
문화를 지킬 수 있는 모델, 문화가 나노 단위로
나눠질 앞으로의 시대에 각자의 모습으로 교회를
세워 가면서도 한 발자국 뒤로 물러서서 보면 모두
같은 모양의 예수님의 교회가 될 수 있음을 설명해 줄
모델은 없나요?"

　　쏟아지는 질문에 교수님의 대답은 반사적으로
나왔다.

　　"브로콜리의 모양을 가진 프랙탈 조직이 있습니다."

　　프랙탈 구조는 확대해도 축소해도 같은 모양을
띤다. 예를 들어서 눈송이를 현미경으로 확대해서
보면 각자 고유의 모양을 갖고 있다. 그리고 같은
눈송이를 축소해서 눈의 결정체를 보면 수많은 다른
크기의 작은 눈송이들을 합쳤음에도 같은 모양을
갖고 있는 것을 볼 수 있다. 식물의 고사리의 잎 모양도
같은 맥락으로 설명된다. 모두 다른 개성이 있지만
'자기유사성'을 가지고 있고, '순환성'을 갖고 끊임없이
되풀이되며 확장되고 성장하기 때문에 가능한 것이다.
그리고 이것에서 착안한 프랙탈 조직모델이 보여

주는 브로콜리는 세상에서 다양한 직업군과 환경에서
세워 갈 도심교회의 모습을 시각화하는 데 큰 도움이
되었다.

2022년 7월, 4주년 예배를 드린 테이블처치는
지난 4년간 도심 미셔널 처치의 모습을 이어 가며
주님이 원하시는 브로콜리의 모양을 이제 보여 가고
있다. 그리고 감사하게도 주중에 세워지는 도심의
모임들이 각자의 모임의 성향과 구성원의 특성에 맞게
세워져 가고 있다. 이 모임들의 모습이 예수님이 머리
되신 교회 안에서 도심에 복음을 전하고, 예수님의
제자로서 교회를 세우는 처치빌더가 되며, 왕 되신
예수님과 하나님 나라를 확장하는 도심 미셔널 처치의
DNA를 갖고 있기를 바란다.

성도다움은
사람다움에서부터

먼저 도심 크리스천으로 살아가는 것이 중요하다.
'성도다움'이 무엇인지 생각할 때, 가장 먼저 '온기'가
떠오른다. 예수님이 제자들에게 빵과 포도주를

주시면서 먹이셨다. 그리고 자신이 다시 올 때까지
영원한 양식이 되어 주겠다는 따뜻한 말씀을 기억하게
하셨다. 그렇기에 예수님이 준비하신 식탁에서 믿음의
형제자매가 나누는 온기는 '성도다움'이다. 동시에 이
온기는 하나님이 창조하신 인간의 '사람다움'이기도
하다. 하나님은 사람을 창조하시고, 도울 사람을 또
창조하셔서 함께 에덴동산에서 살아가게 하셨다.
그리고 일하며 그들의 공동체를 만들어 가게 하셨다.
그렇기에 함께 살아갈 수 없는 사람이 이웃과 마음을
주고받고 서로를 생각하며 사회를 만들어 가는 모습은
소중하게 간직해야 할 '사람다움'이다.

　　그러나 도심에서 '사람다움'을 지키기란 여간
어려운 것이 아니다. 직장인들은 목표를 달성하고
이루기 위해, 경쟁에서 이기고 살아남기 위해 이것을
포기하기 쉽다. 사업가들도 사업체를 현 위치에서
다음 단계로 올리기 위해 도전하고 무리하는 자신을
지키기가 어렵다. 그렇기에 퇴근해도 일을 끊지
못해서 자신을 지키지 못하고, 가장 가까운 이웃인
식구들에게 자신의 역할을 다하지 못한다. 그리고
경기가 불안정할 때, 직원들에게 월급 주는 책임감과
스트레스가 크기에 이외의 활동에서 사람다움을
포기하기 십상이다. 실제로 중소기업에서는

이것만 해도 정말 대단하다고 하고 싶지만 기준을 낮추지 말라고 말하고 싶다. 수고에 대한 대가를 주고받는 것을 넘어 사람다움을 잊지 않고, 고마움을 주고받으며 공동체를 만들어 가야 한다.

김영하 작가의 《작별인사》라는 소설의 배경은 미래의 한국이다. 주인공 철이는 감정과 이성을 지니고, 옳고 그름에 대한 생각을 할 수 있는 최초의 '하이퍼 리얼 휴머노이드'다. 그는 자신이 로봇인지를 알지 못한 채 등록이 안 됐다는 이유로 휴머노이드 수용소에 끌려가고, '사람다움'이 아닌 '기계다움'이 더 어울리고 인정받는 곳에서 살아간다.

"이런 상황에 처하고 보니, 나는 이 연약하고 무기력한 육체로부터 자유롭기를 소망하게 되었고 난생처음으로 차라리 기계였으면 바랐다. 그랬다면 그들이 더럽다고 놀려 대는 그 번거로운 배설도 하지 않을 수 있을 텐데, 어찌하여 나는 이렇게 인간으로 태어난 것일까 원망스러웠다."[11]

탁월한 능력과 목표에 기계적으로 집착하는 곳에 있으면 이전에 익숙했던 '사람다움'은 거추장스럽고 효율적이지 않은 것을 금방 깨닫는다. 우리가 살아가는 도심에서 사회생활을 시작하는 청년들이 겪는 마음이 철이와 같지 않을까. 실수 없이 정확히 일 잘하는 기계, 군림할 수 있을 만큼 강한 힘이 있는 로봇만이 인정받는 세상에서 '사람다움'을 지키고자 하는 사람은 나약하고 철없는 이상주의자일 뿐이다.

신우회 모임 중에 이기주 작가의 《언어의 온도》라는 책을 소개하면서 '회사'라는 단어의 의미를 나누었다.

"회사를 뜻하는 단어 컴퍼니(company)는 com(함께)과 pany(라틴어로 빵을 의미)가 결합한 꼴이다. 이를 '함께 빵 팔아서 돈 번 기업'으로 해석하는 사람은 없을 것이다. '어려운 시기일수록 작은 빵을 나눠 먹는 돈독한 관계'로 풀이해야 제대로 된 해석이다. 음식을 권하면서 끼니를 해결하고 일상의 고단함과 온기를 공유하는 사이 말이다. 어떤 면에서 식구(食口) 같은 단어와도 맥을 같이한다."[12]

11
김영하, 《작별인사》(복복서가, 2022), 66.

12
이기주, 《언어의 온도》(말글터, 2016), 185.

회사에서 함께하는 사람과의 관계가 나아가야
할 방향은 식구다. 맛있는 음식의 온기를 나누며,
관심과 사랑의 말로 외로움에 떨지 않게 해야 할
가족이다. 성찬의 자리에서 떡과 포도주를 나누며
주고받는 온기가 있는 공동체다. 도심 크리스천이란
온기를 주고받으며 '사람다움'을 고집스럽게 지켜
가는 것이다. 나와 함께하는 사람을 존중하고, 그들을
배려하며 함께 살아가고자 씨름하는 것이다. 자신의
탁월함을 추구하며 차갑게 잘라 내고 밟기를 멈추는
것이다. 거기에 믿음이 주는 담대함과 성령의 역사를
구하고 공동체를 일구며 살아감을 포기하지 않는 것이
'성도다움'이다.

정글에서
이웃으로 살아가기

테이블처치가 방향으로 삼는 미셔널 처치에 대한
그림을 처음 보여 준 사람은 레이 바케(Ray Bakke) 목사다.
신학교 2년차, 3년차일 때 보스턴의 도심 선교를
중점적으로 연구하고 방향을 제시했던 엠마누엘
가스펠 센터의 세미나와 컨퍼런스를 통해서 만나게

되었다. 그는 도심 선교는 "같이 살아가는 것"임을
알려 주었다. 복음을 전하고자 하는 도심 생태계에
들어가서 이웃이 되어 살아가는 것이 그가 보여 준
선교다.

미국에서 도심 목회의 전문가(urban expert)로 불리는
바케 목사는 시카고에 있는 신학원에 진학하며
시카고를 사랑하게 되었다. 그리고 도심 목회를
하는 목사(ineer-city pastor)가 되었다. 그러나 그가 있는
도심의 문제는 인종차별을 중심으로 복잡하게 얽혀서
여러 종류의 범죄들이 가득할 때였다. 그가 신학을
공부하면서 부교역자로 사역하던 곳은 25퍼센트의
인구가 다민족이었던 시카고 인근 도시였는데,
인종차별과 함께 강도, 살인, 강간, 방화 등이 일어났다.
백인이었던 그의 가족은 그곳에 들어가서 이웃이 되고
함께 살았다. 자녀들은 학교에서 유일한 백인이었고,
자리 잡기 위해 폭행과 위협을 이겨 내야 했다. 바케
목사와 아내는 아들의 같은 반 친구의 법적 보호
후견인이 되어 주고, 그곳에서 삶과 시각을 배워 갔다.
도심으로 들어가서 그들과 살아가며 필요를 발견했다.

그곳의 사람들과 친구가 되고 일원이 되어
살아가며 하나님 나라를 만들어 간다. 그렇기에
그들은 이질감이 없다. 그리고 그들만이 가지고 있는

문화가 언어가 되어서 마음을 주고받고, 예수님의
사랑과 복음을 전한다. 그렇게 바케 목사는 함께
살아가면서 도시를 분석했고, 복음이 도시 안에
어떻게 흐를 수 있는지 고민하고 연구했다. 아직도
간단한 도형으로 시카고 도심을 그려 가면서 문제와
해결해 가는 과정을 설명하던 바케 목사의 모습이
눈에 선하다.

　　바케 목사에게 도시는 '정글'이었다. 정글은
가만히 생존할 수 있는 곳이 아니며 끊임없이
먹이를 찾아야 한다. 한순간도 긴장을 늦춰서는 안
된다. 그의 눈에 교회는 너무나 안전한 곳에 떨어져
있었고, 메시지는 거리가 있었다. 변화의 폭이 크고,
속도가 빠른 도심은 언제나 새로운 질문과 문제가
출몰한다. 그럴 때 그것에 대해 같이 고민해 주고,
그들의 상황에 맞게 복음을 풀어 줄 이들이 필요했다.
바케의 표현으로 보면 말씀을 도시의 언어로 번역해
줄 '번역가'가 필요한 것이다. 그리고 성경에는 그러한
인물들의 활약이 선명하게 드러나 있다.[13]

　　에스더는 예루살렘으로 가지 않고 페르시아에

13
Ray Bakke, Jon Sharpe, *Street Signs*
(New Hope:Birmingham,2006),116.

남아서 당면한 문제를 해결해 냈다. 왕비가 되고, 그 안에서 전략을 가지고 위기에서 민족을 구해 냈다. 느헤미야도 페르시아 제국의 총독으로서 예루살렘 성벽을 완성했다. 그들은 이방신을 섬기는 그들의 세상 속에서 피하지 않고, 도망가지 않았다. 그들의 부르심을 완성하기 위해서 견디고 도전하고 이루어 주시길 금식하며 간구했다. 그들을 본다면 세상 속에서 '성도다움'이란 이곳에 원하시는 하나님의 뜻이 무엇인지를 구하고 분별하며 그것에 대한 하나님의 뜻을 이루는 것이다. 기도의 응답과 성령의 역사로 하나님의 나라가 그곳에 임하는 것이다.

브로콜리 교회, 브로콜리 교인

도심 미셔널 처치를 개척하면서 교인들이 어떤 모습을 이어 갈지에 대한 상상은 중요한 순간마다 이어졌다. 함께 시작한 성도들이 교회의 비전을 이해하는 데 시간이 걸렸기에 이것을 이해하고 함께 믿음을 키워 갈 때 어떤 모습으로 변화해 갈지 너무 궁금했다. 그런데 감사한 것은 성도들이 점차 목사의

모습을 많이 닮아 가고 있다는 점이다. 어디서든지
교회를 세우고자 하는 마음을 이해한 성도들은 이렇게
이야기한다.

"목사님! 여기에 교회를 또 하나 세우셨네요."

한번은 운동을 직업으로 하고 있는 성도가
그곳에서 사람들과 함께 은혜를 나누고 교제한 감동을
이렇게 표현한다.

"목사님! 오늘 잔디밭 교회에서 예배드리고
왔어요."

누가 보기에도 감당하기 버거운 무게를 지고
있는 이웃을 보면 겁도 없이 다가가서 말을 걸고,
친구가 되어서는 만나자는 약속을 잡는다. 분명히
에너지가 많이 들어가는 일이기에 지칠 수 있음을
알지만 나는 시간을 내서 만나고 기꺼이 우정을 쌓아
간다. 그 일이 기쁜 이유는 그렇게 연락 오는 성도의
모습이 나의 모습과 비슷하기 때문이다. 연민을
느끼면 그들의 삶으로 들어간다. 가까이 가지 않으면
알 수 없는 일들을 알았을 때 그 사람을 위해 기도하기 시작한다. 그리고 아낌없는 사랑을 모두 부어 준다.
그렇게 다가갔다 상처도 받고 감당할 수 없는 무게에
지치기도 한다. 그러나 시간이 지나면 하나님께서
보내 주신 영혼을 향한 마음을 갖고 다시 다가섬을
이어 간다.

> 이는 주의 집을 사랑하는 열정이 온통 나를 태우기 때문이며, 주를 향한
> 모욕이 내게도 쏟아지기 때문입니다(시편 69:9, 쉬운성경)

다윗은 하나님께 받은 소명에 대해 늘 진지했다.
주의 집을 향한 열정은 그의 모든 것을 태우고도
남았다. 많은 경우 그가 사랑하는 사람들까지도 등을
돌리는 경우가 많았고, 그는 그 모욕을 고스란히
느껴야 했다. 그러나 포기하지 않고 기도하며
버티었다. 그리고 하나님은 그 자리에서 언제나
슬픔을 기쁨으로 바꾸셨고, 그의 예배를 흐뭇해하시며
받으셨다(시 69:31 참고).
'보이지 않는 교회'는 크기가 중요할까. 작은
교회이기에 아쉬운 부분들이 분명히 있고, 긴 시간
고민하게 만들기도 한다. 그래도 큰 교회를 지향하지
않으려고 한다. 규모가 커지면 지금의 모습을 지킬 수
있을까 생각하기 때문이다. 그렇지만 누군가가 교회는

요즘 어떤지 물으면 도심 속의 보이지 않는 교회는
주일에 모이는 교회와 함께 도심 미셔널 교회라는
이름으로 성장하고 있다고 말할 수 있다. 마치
브로콜리와 같다. 도심 미셔널 처치로 세워져 가는
테이블처치, 스낵타임, 신우회들은 환경과 구성원에
따라 다르지만 전도 지향적이고, 세상에서 하나님
나라를 세워 가고자 하는 방향과 색깔을 지키고 있다.

브로콜리의 가지를 잘라서 보면 큰 브로콜리와
똑같이 생겼다. 구성원들은 믿음을 뿌리 내리면서
모임과 교회를 개척한 목사와 꼭 닮은 모습으로
그들의 부르심의 자리에서 '보이지 않는 교회'를
세우고 싶은 마음을 갖는다. 도심의 부르심의
자리에서 하나님의 나라를 세워 가는 것을 소명으로
삼고, 이웃들을 찾아간다. 세상 속에서 그들이
사용하는 언어로 하나님의 말씀을 번역하며, 그들의
정글에서 추억을 만들어 간다. 그리고 주님의
온기를 전하며 함께 살아간다. 복음을 전하고 교회로
인도하기도 한다. 그렇지만 그들은 소명의 자리에서
하나님 나라를 만들어 가고, 도심 속의 교회를 세워
가는 것에 대한 열정을 포기하지 않고 이어 간다. 그런
도심 크리스천들이 만들어 갈 도심이 많이 기대된다.

chapter 8

움직이는
교회

움직이는
교회

    지금부터의 이야기는 한 해 동안 성도들과 도심 크리스천들이 찾아가고 있는 프로젝트이다. 이것을 통해 도심 미셔널 처치가 만난 장애물과 소명자로서의 갈증을 풀어 가는 모습을 나누고 싶다. 그래서 같은 고민을 하는 이들에게는 위로가 되고, 코로나 사태와 같은 시대의 도전을 해야 하는 이들에게 하나의 케이스가 되기를 바란다.

    2022년 1월, '찾아가는 교회'에 이어서 다음 비전을 '움직이는 교회'로 제안했다. 찾아가기 위해서는 움직여야 하는데 움직이며 교회를 세우자는 슬로건이었다. 함께하는 도심 크리스천들에게 움직이는 교회에 대한 이야기를 나누는 것은 언젠가 이루어지기 원하는 교회의 모습이 그려졌기 때문이다.

    코로나 시대에 도심으로 찾아가는 부담이 이만저만이 아니다. 오프라인 모임이 시작될 때 점심에 사무실에서 예배드리다가 코로나가 확산되면 어떡할까, 혹시라도 그 회사에 있는 다른 크리스천들과 조심하며 수고하는 다른 교회들에 누가 되지 않을까, 모든 직장인들에게 폐가 되지 않을까 하는 생각이 들기 때문이다. 2022년 7월, 낯선 BA.5가 우세종이 되고, 놀랄 만큼 전파력이 강한 BA.2.75는 켄타우로스라는 이름으로 등장했다는 뉴스로 가득하다. 일상으로 돌아간 것 같지만 아직도 확진되면 각자 회사의 방침대로 일주일 동안 격리하고 출근하지 못한다. 비대면에서 대면으로 바뀌었지만 도심의 목사로서 직장인들을 새롭게 만날 수 있는 곳을 다시 찾게 되고, 기도하게 된다.

직접 찾아가는 교회였던 모습을 되돌아보면 그 시작은 을지로 위워크에서 자발적으로 모이게 된 직장인들의 모임이었다. 2018년부터 수요일 점심시간에 도심의 크리스천들이 있는 스타트업 생태계에 들어가면서 크리스천들과 믿지 않는 이들까지 만날 수 있었던 모임이다. 그리고 그 장소의 모임은 화요일 저녁의 북클럽을 새로 만들 수 있게 해주었다. 그리고 도심 크리스천의 소개로 20년 넘게 진행되어 온 HSBC 신우회를 2019년부터 인도하게 되었다. 회사 내에서는 동호회로 인정받으면서 평신도들이 헌신하며 훌륭한 도심교회로 만들어 가고 있는 사내모임이다.

그러던 중에 코로나 사태가 2020년 1월부터 시작되고, 모임은 모두 온라인으로 바뀌었다. 각자

탄력을 받았던 모임들을 이어 갈 수 없어 아쉬웠지만, 낙심하지 않은 것은 인스타그램과 유튜브로 시작한 온라인 모임에서 모일 수 있어서였다. 또한 카톡방과 줌 미팅에서 받은 은혜를 나누며 도심 크리스천들이 모일 수 있는 계기들이 만들어졌는데, 특히 각 모임에서 많은 도심 크리스천들이 스텝 역할을 열심히 해주면서 새로운 모양의 관계를 만들어 갈 수 있게 되었다. 그 시너지는 코로나 위기에 '바이블 트레킹'이라는 90일 성경통독과 'Prayer Walk'라는 말씀과 함께하는 기도 시리즈를 1년 반 동안 이어 가게 해주었다.

2021년 11월 '위드 코로나'가 시행되면서 단계적인 일상 회복이 현실화되는 듯했다. 그러나 다시 집단 감염이 일어나고, 오미크론 변이 바이러스의 출현으로 다시 사회적 거리두기로 돌아오면서 당분간 더 지속될 수도 있겠다는 생각이 들었다. 그렇다면 도심에서 복음을 전하는 길은 기존에 이어 가던 온라인으로 하면 된다. 도심 크리스천들과 이어 오던 것을 더 탄탄하게 준비하고, 공동체를 세워 가면 될 일이다. 그런데 직접 찾아갈 수 있는 길이 열리나 싶었는데 다시 막혔다. 도심에서 살아가는 이들이 찾아올 수 있고, 믿지 않는 이들을 찾아갈 수 있는 베이스가 더 연장된 것이 안타깝다. (2022년 7월에 다시 신우회 오프라인 예배가 열렸다.

정부에서는 재확산이 되어도 사회적 거리두기를 소극적으로 생각하겠다고 하지만 직접 만날 수 있는 길을 열어 주시는 기도는 계속되었다.) 그러던 중에 새로운 비전을 갖게 되었는데 바로 '보이지 않는 교회'가 '움직이는 교회'가 되는 것이다.

트레킹과
캠핑

'움직이는 교회'는 포스트 코로나를 생각하면서 진행하고 있는 교회의 모습이다. 도심 크리스천들과 테이블처치 성도들에게 한 달에 한 번 신청을 받아서 트레킹과 캠핑을 간다. 캠핑을 처음 해보면서 함께 배우고자 한 달에 한 번으로 계획하고, 코로나 사태의 조심스러운 태도를 유지하고자 최소 4명, 최대 8명으로 제한해서 신청을 받았다. 수도권에 있는 좋은 캠핑장을 리서치해서 답사를 다니듯 가장 좋은 위치의 사이트가 어디인지 기록해 놓고, 캠핑의 어떤 점이 좋은지 돌아와서 수첩에 정리했다. 성도가 아닌 분들, 교회를 떠난 분들의 문의도 많아서 도심의 크리스천들과 할 수 있는 캠핑을 내년 정도면 준비해 볼 수 있지 않을까 생각해 본다.

캠핑을 가장 좋아하는 것은 아이들이다. 자연의
모든 것이 아이들의 장난감이 되어 호기심 어린
눈으로 아빠들의 손을 끌고 다닌다. 그리고 아내들은
쉴 수 있다. 캠핑장에서의 식사 준비는 아내들이
남편들에게 마음 편히 맡긴다. 조금 엉성하고 부족한
맛이 느껴져도 너그럽게 봐줄 수 있는 분위기가 된다.
그리고 캠핑의 가장 큰 장점은 불가에서의 대화다.
화로 중심으로 캠핑의자를 가지고 와서 앉는다.
어린아이들은 담요를 덮고 큰 의자에 앉기도 한다.
늦은 시간까지 참석한 사람들은 삼삼오오 불가에서
이야기를 나누며 친밀해진다. 아이들은 하늘을 보면서
별에 대한 이야기를 교회 어른들을 통해 듣는다.
그리고 조금 전까지 마음을 누르고 있던 걱정들을
털어놓는 사람에게 건네는 짧은 공감의 말에서 진심을
느낀다. 그렇게 움직이는 교회를 테스트하고 있다.

또한 트레킹을 하면서 교회를 실험한다.
월드비전은 매년 노스페이스와 함께 "Global 6K for
Water"라고 하는 캠페인을 진행하고 있다. 참가비를
내고 그들이 선정한 300대 리스트의 산을 오른다.
정상석 인증샷을 찍어서 보내면 노스페이스에서
아프리카 어린이들을 위한 식수사업을 위해
기부금 1만 원씩을 후원한다. 이것을 교회와 도심

크리스천들에게 광고하고 동참하고 있다. 그리고
다녀오면 교회도 인증샷마다 1만 원씩 보태서 후원을
돕는다. 실제로 도심 크리스천들과 참여하고 그것을
SNS에 나누고 있는데 참여하지 않는 사람들도 만나면
이 내용을 자주 대화 주제로 삼는다.

　트레킹은 사람이 많지 않은 날로 정해서 가기
때문에 직장인들은 휴가를 내고 참여한다. 산을
오르기 전에 짧은 기도를 하고 올라가고, 이들과
나눌 수 있는 대화를 성령님께서 알려 주시기를
바라며 아침 묵상을 하고 함께 걷는다. 그러면
하나님은 감동을 주실 때 자연스럽게 은혜를 나눌 수
있게 하셨다. 목회자인 내가 아닌 참여한 사람들을
통해서였다. 하루는 도봉산에 올랐는데 신선대
정상을 올라가는 내내 무지개를 보여 주셨다. 맑은
하늘에 선명한 무지개는 그날 산에 오른 사람들에게
주시는 선물이라며 기뻐했다. 북한산의 백운대를
오를 때는 하늘의 구름이 산에 그림자를 만드는 것을
보면서 멤버들이 출애굽기의 구름기둥을 이야기하기
시작했다. 그때의 구름기둥을 상상하기는 어렵지만
저렇게 선명한 구름의 그림자는 처음 본다며 그때의
감동은 얼마나 클지에 대해 나눴다. 그리고 산에서
내려와 밥을 먹으러 갈 때는 전투를 함께 치른 전우가

된 듯이 무장해제를 하고 삶을 이야기했다.

　이 시간의 소중함을 느끼면서 마지막까지 모임을
신경 써서 준비해야겠다는 생각이 들었다. 산 밑의
식당들에서 등산을 마친 사람들의 술자리가 많기
때문에 성도들이 등산하면서 나눈 대화나 분위기를
이어 갈 수 있는 장소를 정하고 답사할 것을 추천한다.
이렇게 움직이는 교회는 아프리카 식수를 돕는
캠페인에도 함께하고 있는데, 이것은 내년의 사역에도
참고하고 싶은 요소이다. 믿지 않는 사람들이 교회가
의식 있는 일에 동참하는 모습을 볼 수 있고, 함께
돕는다는 메시지를 전할 수 있기 때문이다. 그리고
다녀온 사람들의 마음에 자연에서 나눈 메시지가
남고, 성도들의 진한 위로와 격려를 추억으로 남길 수
있기에 움직이는 교회가 될 수 있다.

바퀴 달린
교회

　'바퀴 달린 교회'에 대한 그림은 성도들, 도심의
크리스천들과 많이 공유하고 디자인하고 있는 교회의
모습이다. 캠핑카를 개조해서 실제로 움직이는

공간을 만들고자 하는 이 아이디어는 주말농장
그린테이블에서 시작되었다. 이 주말농장의 작업 중에
잠시 들어가서 쉴 수 있는 공간을 생각하다 떠오른
것이 캠핑카였다. 그리고 앞으로 이어 갈 아웃도어
활동을 위한 별도의 실내 공간이 있다면 방문한
사람들과 쉼이 필요한 사람들이 활용할 수 있겠다는
생각에 바퀴가 달린 교회를 처음 생각하게 됐다.

　　이 생각은 스타트업을 하고 있는 도심
크리스천들의 대화에서도 이어졌다. 그날의 대화
내용은 오프라인으로 사람들을 만날 수 있는 기회가
너무 적다는 것이었다. 개척을 처음 시작했던
2018년부터 코로나 바이러스 사태가 일어나기 전에는
위워크의 여러 지점들에서 그곳에 있는 사무실들이
신청할 때 팝업스토어를 열 수가 있었다. 특히
빈티지앤뉴의 파트너인 한 회사는 주로 노트와 카드를
비롯한 디자인 작업들을 많이 했는데 팝업스토어를
통해서 사람들의 반응을 볼 수 있었고, 점심시간만
활용하더라도 손님들을 확보할 수 있는 좋은 기회가
되었다. 그러나 코로나 이후로는 그런 기회가 급격히
줄었다. 온라인으로 홍보하기 위해서 지속적인
마케팅 비용을 투자할 수 없는 회사들에게는 사람들을
만날 수 있는 자리가 필요했다. 그래서 생각한 것이

쇼룸이었다.

성수동의 서울숲에는 '프로젝트 렌트'라는
쇼룸이 있다. 크고 작은 회사들이 2주 정도의 기간
동안 자신들의 프로젝트를 위해 그곳을 사용할 수
있다. 좋은 콘텐츠를 가진 개인도 실험실로 사용할
수 있다. 그렇게 그곳은 테스트 매장이 될 수도
있고, 마케팅 플랫폼으로도 사용할 수 있다. 이곳은
필라멘트앤코라는 브랜드 컨설팅 회사가 만든
'오프라인 콘텐츠 컨셉 매거진'으로 대여공간인
것이다. 누구나 예약한 사람은 건물주로서 그곳을
꾸밀 수 있다. 이와 같은 공간이 교회 주위에 있는 도심
스타트업 이웃들에게 필요하다. 그리고 점심이면
식당으로 쏟아져 나오는 사람들을 위해서 준비할 수
있는 도심 크리스천들의 훌륭한 플랫폼이 될 수 있을
것이라고 생각한다.

이 아이디어와 외형적으로 거의 흡사한 케이스도
찾았다. 관심 있게 보는 유튜브 채널 중에서 '꼰대
아이쿠'라는 유튜버가 하는 〈하비우드〉가 있다.
콧수염과 말총머리를 한 중년의 신사가 할리
데이비슨을 즐겨 타는 영상을 올리고, 성공한
사업가로서 자신의 경험과 생각을 브이로그 스타일로
올리는 영상을 재미있게 보곤 했다. 나의 아버지는

청년 때부터 바이크가 좋아서 '기아 혼다'로 시작해서
'대림 혼다'의 직장생활을 하고 관련 사업을 하다가
여전히 제주도에서 라이딩을 즐기신다. 그런 아버지
덕에 어머니를 비롯해서 제부까지 바이크를 탄다.
모이면 가족의 주된 대화 주제이고, 함께 라이딩을
하기도 했다. 그래서 '꼰대 아이쿠'가 친구들과
라이딩을 하면서 나누는 이야기, 그것으로 우울증을
극복하고 같은 아픔을 겪고 있는 이들에게 선물하는
내용들은 참 와닿았다.

그런데 그 채널에서 갑자기 캠핑카로 쓰던
트레이너를 개조해서 미술관으로 만드는 영상이
등장했다. 그 시기는 2년 가까이 도심의 크리스천을
찾아가지 못하는 상황에서 어떻게 직접 찾아갈지를
생각할 때였고, 한창 주말농장에서 땀 흘리며
캠핑카에 대한 생각을 하고 있을 때였다. 그때
신인 미술가들에게 기회를 주고자 하는 '찾아가는
갤러리'는 테이블처치가 도심에서 함께하는 스타트업
회사들에게 쇼룸의 기회를 주고자 하는 동기와 맞았고,
캠핑카의 인테리어를 필요에 맞게 개조하는 방식에
대한 아이디어가 거의 흡사했다.

직접 보고 싶어서 무작정 연락을 취했다.
인스타그램으로 메시지를 보내고, 회사로 전화해

연락처를 남겼는데 감사하게도 담당자이면서도
임원인 분에게서 초대의 답장이 왔다. 그다음 날
달려간 '디 오리지널 갤러리'는 상상 속에 있던
움직이는 교회의 모습을 실제로 보여 주는 듯한
감동이었다. 그리고 초대해 준 임원은 만들어지는
과정과 특별히 만들면서 힘들었던 점, 생각하지 못한
곳에 돈과 시간을 쏟은 이야기까지 친절하게 나누어
주었다. 다시 이런 아이디어로 갤러리를 만들게
된다면 어떻게 할지 솔직하게 전해 주었다. 직접
준비하고, 문제를 해결하며 실행했던 분이 아니면
절대로 알 수 없는 실무담당자의 이야기를 들으면서
하나님이 움직이는 교회를 만들기 위해서 꼭 보여
주고 들려주고 싶으셨구나, 라는 생각이 들었다. 그곳을
오픈해 줄 수 있는 가능성까지 들으면서 하나님의
인도하심에 대한 확인과 앞으로 펼쳐질 '움직이는
교회'에 대한 기대가 커지는 선물까지 받게 되었다.

이웃을 향한
발걸음의 방향

'보이지 않는 교회'의 방향은 건물이 없는 교회의

외형에 달려 있지 않다고 생각한다. 교회가 될 수
있는 성도와 예수님과 함께 세워 가는 예배 공동체가
방향이고, 흩어지고 찾아갈 수 있기에 이전과 다른
유연함과 창의성이 있지 않을까 생각해 본다.

그렇게 생각하고 꿈꾸면서 동시대를 살아가고
있는 목사들에게 속으로 하는 질문들, 기도하면서
묻고 있는 것들을 나누기도 한다. '움직이는 교회'를
처음 생각하고 이것에 대해 나눈 분이 '드림브릿지'의
황일봉 목사님이었다. 개화산역 근처에서
스터디카페를 운영하시면서 목회를 하시는 분이다.
생각하고 있던 캠핑카에 도심 미셔널 처치로서의
생각을 붙여 가고 있는 '움직이는 교회'에 대해
이야기했다. 나에게 있어 '바퀴 달린 교회'는 지금의
사역과 다른 큰 변화였다. 직장인들과 보이지 않는
교회들이 이전보다 훨씬 더 직접 연계되고, 도심
안으로 들어가는 것이 다른 차원처럼 느껴졌다.
그런데 황일봉 목사님은 이것은 테이블처치가
처음부터 가던 일관적인 방향이라고 말씀해 주셨다.
도심의 사무실에서 예배하고, 문제가 생기거나
직장인들이 움직이면 그들 가까이로 옮겨서 했던
스낵타임이 그 예이다. 주일에 예배를 드리는 교회도
회사와 연계하면서 드리고자 했던 방향으로 가기

위해 만 4년 동안 다섯 번의 장소를 변경했었다. 정말 목사님의 말씀처럼 바퀴 달린 교회는 지금 가고 있는 길의 연장선에 있는 것이었다.

"목사님 교회는 정말 유목민(노마드) 교회네요."

유목민처럼 살아가는 도심의 직장인들과 같이 정말 유목민처럼 여기저기에서 모이는 교회가 되어 간다는 생각을 종종 했는데 처음부터 그렇게 해왔다는 목사님의 말씀이 지금 서 있는 위치를 확인시켜 주고, 바퀴 달린 교회에 대한 꿈도 그 연장선임을 깨닫게 해줬다.

도심 속의 움직이는 교회

도심 속에 움직이는 교회는 왜 필요할까. 개척하기 1년 전 광화문에서 첫 직장인 모임을 할 때 느꼈던 도심 크리스천들의 환영은 그곳에 교회가 필요함을 분명히 알려 주었다. 그리고 개척 후에 복음을 전하고 이웃으로서 관계를 맺어 가며 믿지 않는 이들에게도

필요함을 확인받았다. 그곳에 하나님의 사람들이
함께 살아가고 있다는 사실이 필요하다. 그리고
손을 내밀어 줄 사람이 있다는 사실, 그들과 추억을
만들며 쌓아 온 신뢰가 필요하다. 이것은 인간이라는
존재에게 필요하고, 코로나 블루를 겪으며 절망적인
블랙의 기운을 느끼고 있는 이 시대에 절실하게
필요하다.

한 사람이 넘어지면 다른 사람이 일으켜 준다. 그렇지만 넘어져도
일으켜 줄 사람이 없는 사람은 불쌍하다(전도서 4:10. 쉬운성경)

　사랑은 함께하며 손을 내미는 것이다. 넘어지면
시선만이 아니라 마음을 주어야 하는데 그러려면
그들 곁에 있어야 한다. 그리고 그들을 향한 관심과
사랑을 전해야 한다. 그것은 가까운 거리만이 아니라
그들에게 다가가는 삶과 진심이 담긴 메시지가
필요하다. 그 메시지를 전할 수 있는 것은 SNS와
방송도 가능할 것이다. 그런데 그 사람을 세울 수 있는
힘 있는 메시지는 그들을 향한 손이 함께 가야 한다.
길이 막혔을 때, 찾아가서 내미는 손이 '움직이는
교회'가 되길 바란다.

chapter 9

마음의
주인

도심 크리스천의
영성

세상으로 부름받은 그리스도인들이 조금 더
세심하게 준비해야 하는 영성에 대해 묵상하며
'마음의 주인'에 대한 질문을 많이 하게 되었다. 또한
그것은 믿지 않는 도심의 직장인들에게도 관심이
커지는 주제임을 알게 되었다. 예수님을 마음의
주인의 자리에 모시기 위한 방법은 두 가지로
모아졌다. 첫 번째는 '침묵'이고, 두 번째는 '인격'이다.
그리고 도심에서의 시간과 경험을 쌓아가는 내게
지속적으로 도움을 준 두 사람이 있었는데 '침묵'에
대해서는 헨리 나우웬, '인격'에 대해서는 달라스
윌라드다.

#1
공간 만들기로 영성 채우기

도심의 크리스천들과 수요일마다 하는
스낵타임을 블로그로 올리기 시작하면서 특별하게
나누고자 했던 책이 있었다. 바로 헨리 나우웬의

《영성수업》이었다. 성도들, 직장인 그룹과 이 책을
매주 한 챕터씩 읽는 시간을 가졌는데 생각보다
반응이 뜨거웠다. 많은 도심의 크리스천들이
영성에 대한 궁금증을 갖고 있고, 어떻게 실천하며
살 수 있을지에 대한 숙제가 풀리지 않고 있다는
증거이기도 했다. 헨리 나우웬이 말하는 영성훈련은
내면의 영적인 공간을 '침묵'으로 만드는 것이다.
하나님이 자유롭게 역사하시고 말씀하실 수 있는
공간을 만드는 것이다.[14] 노년에 예수님을 영접한
이어령 교수도 영성에 대해 공간을 만드는 것으로
표현한다. '김지수의 인터스텔라'에서 영성을 컵
안의 공간으로 비유했다.[15] 육체가 컵이라면 그 안의
빈 공간을 영성이라고 한다. 그 안에 인간의 욕망과
감정들이 채워지는 것이다. 영성을 키운다는 것은
그 공간을 확보하고 넓히는 것이다. 크리스천들은
세상을 살아가면서 가득 채워진 생각과 감정,
스트레스와 걱정들을 비워 내면서 진공상태로 만들

---

[14]
헨리 나우웬, 《영성수업》(두란노, 2007), 39.

[15]
이어령, "선한 인간이 이긴다는 것, 믿으라",
조선일보, 2022. 1.1, 김지수의 인터스텔라

때, 하나님께서 말씀하시는 것을 명료하게 들을
수 있게 된다. 내가 처한 상황과 내면을 한 발자국
떨어져서 주님이 보시듯 바라볼 때, 이전에 보지
못하던 것이 보이고 나와 다른 하나님의 생각을 알게
된다. 그리고 세상도 알지 못하는 가장 창의적인 길을
찾게 된다(사 55:8-9 참고).

　　내면의 공간을 만드는 것에 대한 관심은 10여
년 전부터 하나님을 믿지 않는 사람들에게도 뜨거운
이슈다. 영국에서 최초로 '명상 컨설턴트'로 공인받은
앤디 퍼디컴의 2013년도 TED 강의는 4백만 뷰가
넘는 조회수를 기록하고 있다. 11세 때 명상 수업을
듣고 불교의 승려로서 명상 수행을 했고, 기업을
비롯한 많은 곳에서 강의와 컨설팅을 하고 있다.
강의의 요점은 10분의 공간을 만드는 것이다. 달리고
있는 걸음을 멈추고 10분만 뒤로 물러서자고 말한다.
이렇게 비우는 명상은 끊임없이 이어지는 삶의 흐름을
10분 동안만 끊을 때, 일상을 바라보는 눈이 생기고
무심코 지나갔던 것들이 눈에 보이기 시작하고
새로운 관점이 생긴다고 말한다. 명상을 기반으로
한 마음 챙김에 대한 강의와 책들은 뇌과학, 심리학
등과 연결되어 더 주목을 받고 있다. 병원의 처방으로
명상을 권하는 곳도 생기고, 글로벌 회사들은 '집중과

몰입'을 위해서 명상을 활용하기도 한다.

그렇다면 세상과 다른 기독교의 영성으로 비워 낸 내면을 하나님의 말씀과 역사로 채우면서 하나님과의 관계를 친밀하게 이어 가게 되고, 반복되고 경험이 쌓이면서 영성은 깊어지게 되는 것이다.

평화를 찾는 세상 사람들

세상을 살아가는 도심 크리스천들을 가까이 보면서 이들 안에 '공간'이 없음을 느낀다. 영성이라고 하는 내면의 공간을 준비하기 위해서는 비워야 하는데 이들의 물리적인 시간에는 틈이 없다. 직장인들은 바쁜 일상으로 빼곡한 일정이 있다. 끝이 없어 보이는 업무는 야근을 부르고, 피로한 몸으로 일정을 소화하기 때문에 그들의 모든 감정과 생각을 비워 내고 하나님 앞에 침묵하며 임재와 역사하심을 기다릴 시간과 마음의 여유가 없다. 사업가들은 업무가 끝이 나도 모든 것에 신경을 쓰고 관리해야 하기 때문에 일에 대한 생각은 잠들기 전까지 이어진다. 그래서 대부분의 사업가들은 그 생각을 끊어 내지 못해서

불면증에 신음한다. 도심 크리스천들의 영성은
하나님이 일하실 수 있는 공간 확보가 관건이다.

비단 한국만의 문제가 아니며 미국도 그러하다.
헨리 나우웬은 예수회 사제로 살았지만 영성훈련에
대한 갈급함을 가지고 그 답을 찾으러 다녔다. 그는
예일대학교에서 교수로 재직하다가 페루의 빈민촌을
찾아갔다. 하버드대학교 교수로 돌아왔다가 다시
캐나다에 있는 지체 장애인들을 위한 라르쉬 공동체로
들어갔다. 교수라는 사명과 헌신의 길을 오가면서
그는 영성에서 가장 중요한 것은 '관계'라고 정의했다.
마태복음 22장 35절부터 40절까지 나오는 예수님의
계명을 통해서 첫 번째는 하나님과의 관계이고, 두
번째는 이웃과의 관계를 꼽았다. 그리고 그 관계는
'침묵'으로 세워 간다. 하나님 앞에서 침묵하며
하나님의 음성을 듣고, 그 뜻에 동의하며 적극적으로
순종하면서 친밀한 관계를 쌓아 가고 유지한다.
이웃과도 마찬가지다. 혼자가 아니라 함께 있을지라도
그 안에서 내면에 나의 목소리를 잠재우고, 이웃들을
통해서 하나님의 음성을 듣는 훈련을 이어 간다.

앞서 '여호사밧 프로젝트'에서 한 젊은 대표와의
인터뷰를 이야기한 바 있다. 딱딱하고 사무적인
인터뷰로 시작한 대화가 5시간에 걸친 긴 시간 동안

개인적이고 깊은 속마음까지 나눌 수 있었던 것은
분명 성령님께서 그분의 마음을 움직이시고 우리의
대화를 인도하셨기 때문이다. 그의 가장 큰 고민은
마음의 공간이 없는 것을 알지만, 혼자서 콘텐츠를
만들고 진행하며 스텝들을 관리해야 하기 때문에
시간 자체가 부족한 것이었다. 성장하는 회사의
속도를 맞추기 위해 홀로 모든 것을 감당해야 하기에
신체적으로도 더 이상 쓸 수 있는 에너지가 없었다.
영성이라고 하는 컵의 공간을 확보하기에는 뺄 수 없는
바쁜 일정으로 인한 내용물이 가득 채워져 있었다.
버겁고 해결하고 싶은 진지한 고민을 쏟아 내는
그분의 이야기를 들으면서 동시에 속으로 주님께서
어떻게 하시길 원하시는지 묻고 귀를 기울였다.
일과를 마치고 밤이 늦도록 오랜만에 쏟아내고 비워진
부분에 성령님이 주시는 평안으로 채우시길 기도했다.
그리고 하나님은 복음도 나눌 수 있는 기회를 주셨다.

"멘토를 찾고 있어요."

신기하게도 둘 다 역사를 전공했기에 전임사역을
하기 전에 역사 안에서 멘토들을 찾았고, 2년 동안
그들에게 질문하고 답을 들었던 이야기를 했다.

동시대를 살아가는 지혜자에게 충고를 확인하기에는
그 사람의 삶이 역사 안에서 아직 너무 짧다. 그러나
역사 속에 있는 같은 질문을 했던 사람의 시행착오와
긴 시간에 걸친 그의 영향력을 선처럼 이어진 사료를
통해서 확인해 볼 수 있다.

그 이야기를 나누고 길지 않은 문장으로
크리스천으로서 내가 매일 만나는 예수님을 소개했다.

"그분은 언제든 찾아갈 수 있는 멘토이시고, 나의
질문을 진지하고도 성실하게 답해 주세요. 그의 답은
풀리는 것에서 멈추지 않고 기쁨을 주고 그것을 통해
성숙한 생각과 마음을 갖게 합니다."

아버지가 불교계에 계셨던 그분은 진지하게 듣고
여운이 남았는지 한참 동안 생각에 잠겼다.
헨리 나우웬이 말하는 침묵은 나의 생각과 감정을
비우고, 하나님이 말씀하시고 역사하실 공간을
드리는 것이다. 첫째는 하나님과의 관계 가운데 그
침묵을 이어 가고 그 음성을 경청한다. 두 번째는
세상을 살아가는 이웃들과 공동체 안에서 나의 소리를
잠재우고, 그분의 역사하심을 구한다. 이렇게 영성을
세워 갈 때, 하나님과의 친밀한 관계뿐만 아니라

이웃과의 관계도 돈독해진다. 그리고 이렇게 내가
살아가는 곳에서의 영적인 공간의 반경도 넓혀 간다.

#2
인격의 성숙으로 영성 지키기

도심의 크리스천들을 보면 안타까운 것은 삶이다.
하나님을 믿지 않는 직장인과 의미 있는 대화를
나누고 다시 현장에 들어가면 빼곡히 차 있는 일상에
매몰되기 일쑤다. 크리스천들도 예배나 집회로 뜨거운
은혜를 받더라도 그 여운을 길게 이어 가는 것이
관건인데 쉽게 실패한다. 반복되는 실패의 이유가
다르지 않다. 환경 자체가 여운을 길게 이어 갈 수 없게
세팅되어 있다. 영성을 지키기 위한 대책이 필요하다.
다행스럽게도 결심만 있다면 지금 시작할 수 있는
가장 좋은 방법이 있다. 누구의 도움도 받지 않고 가장
먼저 할 수 있고, 시간이 걸리지 않고 빨리 시작할
수 있는 곳이 있다. 바로 인간의 내면이다. 성숙한
인격이라는 가장 중요한 환경 안에 나의 영혼이 자리
잡을 수 있도록 오늘 바로 시작할 수 있다.
달라스 윌라드는 우리의 영혼은 개발될 수 있는

영역이라고 말한다. 좋은 것을 접하고 성장할 수
있는 환경 속에 있다면 더 좋은 모습을 기대할 수
있다. 그리고 영혼은 인격의 옷을 입고 있다. 인격을
성숙하게 가꾸어 가면 그와 살을 맞대고 있는 영혼은
가장 가까이에서 변화를 실감하고, 새로운 성장과 더
깊은 성숙으로 변화될 가능성을 맞게 된다.

그리고 인격은 내면의 환경을 보호하기도 한다.
살아가면서 자신의 모습을 만들어 가는데 그 모습들이
너무 쉽게 공격받고 파괴된다. 때로는 외부로부터
오는 충격과 자극에 반응하면서 이루어지기도
하고, 때로는 불안정한 자기 자신이 그의 영혼을
망가뜨리기도 한다. 달라스 윌라드는 인간의
내면은 한 사람의 진정한 모습이 발현되고 결정되는
'중앙살림부'라고 말한다.[16] 영성을 세워 가고 깊게
만들어 가기 위해서 좋은 것을 접하고 유입하는 것만
있으면 밑 빠진 독에 물을 붓는 것과 같다. 하나님이
회복시키신 영혼을 성숙한 인격으로 덮으면서 지키고,
이전보다 더 성숙해진 인격으로 영혼이 더 아름답게
변화되도록 도와야 한다. 그렇지만 나의 삶에 가장

16
달라스 윌라드,《마음의 혁신》
(복있는사람, 2003), 49.

중요한 '중앙살림부'를 돌아볼 시간이 없다. 단 10분을
내서 자신을 돌아보라는 말이 와닿는 이유는 짧은
시간도 지속적으로 내기가 막막한 도시인들의 삶에
문제가 있다. 우리는 너무 바쁘다.

영혼의 안전을 위한
감속

유학 가서 공부하던 학교 옆 고든칼리지에서
달라스 윌라드의 강의를 직접 들은 적이 있다. 지금도
인생에 가장 중요한 키워드로 생각하는 '제자훈련'에
한창 빠져 있을 때, 달라스의 책들은 교과서와 같았다.
그의 강의를 듣고 삶을 들으면서 익숙하게 접했던
제자훈련과는 많이 다르다는 생각을 했다. 그가
말하는 제자훈련은 케어하는 대상과 거리가 가까워야
했다. 그리고 같이 살아가야 한다. 내가 받은 은혜가
무엇인지 삶이 말하게 해야 했다.

그리고 리더는 한 번의 메시지가 아니라
지속적으로 보여 줄 수 있어야 한다고 강조한다.
그러기 위해서 그는 '침묵과 고독'으로 하나님을
마주하는 것에 대해 강조했다. USC(남가주대학)

철학교수이면서 목사였던 그는 제자도를
이야기하면서 화려한 사역과 기술을 말하지 않고, 헨리
나우웬처럼 하나님 앞에서 머무는 것을 강조했다.
그리고 도시인으로 살아가면서 자신의 호흡의
속도를 떨어뜨리기 위해 금식하며 말씀 보는 것의
유익을 전했다. 인격을 돌아보는 것은 우리의 호흡을
예수님의 속도에 맞추는 것으로부터 시작한다.

신학생 때 이후로 지금까지 달라스 윌라드와 그의
친구들이자 제자들의 책들과 강의, 대화들을 담은
동영상들을 지속해서 접하고 있다. 대형교회 목사인
존 오트버그, 영성학자로 유명한 리처드 포스터,
그리고 요즘 많은 관심을 받고 있는 존 마크 코머이다.
그중에서 존 마크 코머는《슬로우 영성》이라는 책을
썼다.

"바쁨과 사랑은 양립할 수 없다."[17]

존 마크 코머는 젊은 나이에 개척하고 많은
교인들이 예배를 드리는 목회를 돌아보면서 자신이

존 마크 코머,《슬로우 영성》
(두란노, 2021), 39.

아버지, 남편, 목사 그리고 인간으로서 '최악'이라고
생각하게 만든 순간들은 모두 바쁜 상황이었다고
말한다. 그의 말은 예수님의 두 가지 계명에 적용이
가능하다. 하나님을 향한 사랑을 깊이 경험하고
충만한 성령으로 살아났다고 해도, 바쁜 일상에서
컨트롤하지 못한 채 결정한 결과로 모든 것이 원점이
되는 좌절을 자주 경험한 나로서는 격한 공감이 되는
문장이었다. 그리고 이웃들과의 사랑도 마찬가지다.
더불어 살아가는 사람으로서 주고받는 마음을 바쁜
일상 때문에 '일방통행'으로 만든 적이 자주 있지
않은가. 누군가의 호의를 호의로 받지 못하고, 쫓기는
마음에 상대방을 존중하지 못하고, 목표를 이루기
위해 공격적으로 대했던 적은 없었는가. 바쁜 일상
속에서 주도권이 내게 있지 않은 것을 보며 좌절하고,
내가 저지른 일들로 인한 죄책감 때문에 쌓았던
영성을 한순간에 무너뜨리고, 영적인 흐름을 아깝게도
끊어뜨릴 때가 많다.

그렇기에 바쁜 삶의 속도를 줄이는 것이
필요하다. 그러기 위해서는 삶의 규모를 조정하는
것부터 해야 한다. 하고 있는 일들을 모두 나열하고
우선순위를 잡는다. 중요하지도 않고, 필요하지
않은 일들은 정리한다. 그리고 존 마크 코머는 어려운

일이지만 세상에서 이루고자 하는 것을 위해 바쁨을
해결할 수 없다면 방향과 속도에 대해 진지하게
생각해 보고 조정하는 것도 권한다. 실제로 그는 젊고
열정이 가득한 대형교회 목사로서 달리던 길을 멈추고,
예수님과 자신을 돌아볼 수 있는 속도로 늦추기 위한
새로운 목회를 시작했다. 그리고 하나님이 주시는
은혜로 영혼을 채우는 것과 함께 분주한 마음을
내려놓고 일상에서 예수님과의 대화를 나눌 수 있는
삶으로 바꾸어 간다. 삶의 시간들 중에 하나님의
손길이 닿지 않는 곳이 없도록 디자인하고, 그것이
익숙하도록 연습하고 발전시키며 삶의 습관으로 녹여
간다. 감정적으로 행동한 부분들, 후회와 수치심이
남았던 부분들을 돌아보고 다시 그런 상황이 왔을
때 의지적으로 고쳐 간다. 그렇게 내 자신의 성품과
세상을 함께 살아가는 이웃들과의 관계를 인격적으로
해 나가며 영성이 새어 가는 곳이 없도록 가꾸어 간다.

하나님을 향한 마음이 빛는 인격

다윗은 가장 많은 노래를 성경에 남겨 놓았다.

하나님은 그가 드린 기도와 찬양을 통해 어떻게
마음을 다루어야 하는지 알려 주신다. 그중에 시편
57편에서 다윗이 사울을 피해 동굴로 숨었을 때의
노래를 들을 수 있다. 그는 부하들과 함께 도망친
동굴을 '주의 날개 그늘'로 표현한다. 그곳은
도망쳐서 숨은 곳이 아니라 하나님이 준비하신
피난처이고 안식처이다. 날개 그늘 아래 품으셨기
때문에 그에게는 깊은 평안이 있다. 오랜 시간을 쫓겨
다니면서 막다른 동굴에 숨었는데도 그가 당황하는
모습을 찾을 수 없다. 하나님 안에 있기 때문에 자신과
부하들의 목숨이 달려 있는데도 그 감정을 품을
수 있는 내면의 강인함을 보이고 있는 것이다. 그
강인함은 하나님께 드리는 기도에서 나온다. 그의
곁에 있는 구원자를 믿으며 부르짖고 외치면서 자신의
현장 속에서 하나님을 찾는다. 그러면 그의 기도는
달라지지 않은 그의 마음을 주님께 드리는 고백으로
흘러간다. 그렇기에 더 기도하고 찬양하겠다는 다짐을
올려드리게 된다.

하나님이여 내 마음이 확정되었고 내 마음이 확정되었사오니 내가
노래하고 내가 찬송하리이다(시편 57:7)

막다른 골목에서도 하나님의 위대하심을
찬양드릴 수 있는 기도자로 성장한다. 이렇게 그의
내면이 하나님 안에서 보내는 시간으로 평안해지고
담대해지면 그를 찾는 원수들과 절박한 상황 속에서도
손상되지 않는다. 영성은 위기 가운데 더 깊어지고,
그에게서 보이는 인격은 주위 사람들을 안심시킨다.

그렇게 준비된 상황에서 뜻밖의 사건이 일어난다.
사울이 군사 3,000명을 이끌고 다윗을 쫓다가 다윗과
부하들이 숨은 동굴로 들어온 것이다. 무장을 하지
않은 채 용변을 보기 위해 동굴로 들어왔고, 다윗은
그에게 다가가서 그의 옷자락을 몰래 잘랐다. 다윗의
부하들은 긴 도피 생활을 마칠 수 있는 기회라고
생각했다. 그리고 하나님이 주신 기회라고 다윗을
설득했다. 그렇지만 다윗은 사울을 왕으로 세우신
하나님을 존중하고 죽이지 않았다. 그는 하나님이
우선이었다. 그리고 하나님의 뜻을 지키는 결정을
했고, 그것은 그의 인격을 보여 주는 선택이 되었다.

영혼을 보호하는 가장 실제적이고 기본적인
방법은 하나님 안에 거하는 것이다. 그리고 그 안에서
하나님과 교감하고 소통하며 인도하심을 받을 때,
영혼뿐만 아니라 그것을 보호하는 인격도 준비된다.
삶의 중요한 선택을 할 수 있는 시간적인 공간도

확보하고, 그 안에서 주시는 평안과 안심으로 인격을
세워 간다. 그리고 하나님을 추구하는 것이다. 달라스
윌라드와 그와 결을 같이하는 이들은 하나님 나라를
추구하라고 말한다. 우리가 살아가는 일상과 세상에서
하나님을 존중하는 생각과 선택을 하고, 그것을
일관성 있게 이어 갈 때 하나님 나라에 속한 사람의
인격을 갖게 될 것이다.

chapter 10

바이블
무브먼트

말씀 자랑,
말씀 사랑

도심인들과 만났을 때 무엇을 이야기할 것인가,
예수님을 믿지 않는 이들에게 무엇을 전하고 싶은가.
하나님께서는 이런 고민에 대한 답을 개척 전부터
정해 주셨다. '성경'이다. 하루를 살아갈 때 보편적인
가치를 추구하면서도 나의 삶에 꼭 필요한 실질적인
지혜를 찾을 수 있는 책이 성경이기 때문이다.
그렇기에 도심인의 이웃으로서 바쁜 직장인들에게
말씀을 권하고, 믿지 않는 사람들일지라도 벽에
부딪힌 이들에게 성경을 소개하려는 동기가 되었다.

부교역자로 광화문의 직장인들을 섬길 때가
그것을 확인할 수 있는 시간이었다. 6개월 동안
일주일에 한 번씩 만나서 신앙서적을 정하고 강의를
진행했는데, 그들의 진솔한 삶의 나눔을 들으며
내용을 변형하고 싶은 마음이 들었다. 이들에게
짧지만 하루의 방향이 되고, 한 문장이지만 열쇠가
되는 말씀을 손에 꼭 쥐어 주는 것이다. 그리고
그것을 붙들고 씨름하는 힘을 키워 주는 계기를 교회
차원으로 준비하고, 주중에는 도심의 크리스천들과
캠페인을 해야겠다고 생각했다. 그래서 테이블처치의

사역을 열며 말씀에 대한 사역을 두 가지 트랙으로
시작했다. 하나는 잠언 말씀을 하루에 한 장 쓰는
것이고, 또 하나는 헤른후트 공동체 묵상집의 말씀 한
구절을 붙들고 살아가는 것이다.

잠언
노트

테이블처치를 시작하면서 가장 먼저 직장인들과
나누고 싶었던 말씀은 잠언이다. 날수가 31일인 달을
정해서 매일 한 장씩 읽고, 마음의 열정이 일어나는
사람들은 하루에 한 장씩 필사를 하면서 쓰는 시간을
갖도록 준비했다. 그리고 교회에서는 매주 읽은
말씀들 중에 주제를 뽑아서 설교를 하고, 잠언 노트를
제작했다.

잠언 노트를 만들고 하루에 한 장 쓰는 것은
지금 돌아봐도 개척한 지 몇 달 안 된 교회로서 쉽지
않은 일이었다. 하루 한 장 읽기가 크게 어려운 일은
아니지만 부담일 수 있고, 바쁜 직장인들은 마음먹지
않으면 중간에 포기할 수도 있었을 것이다. 그런데
잠언 노트를 예쁘게 만들어 성도들에게 의미를

부여해서 전한다면, 세상의 그리스도인들에게 지혜의
말씀인 잠언에 귀 기울여 보자는 메시지는 충분히
전해질 것 같았다. 그리고 최소 수량으로 제작한
500부가 일주일 만에 모두 판매되었는데, 나중에는
노트를 수집하는 분이 인스타그램을 보고 문의를
하기도 했다.

　다음 해 가을에 다시 한 번 잠언 노트를 제작했다.
처음 시작할 때부터 두 번은 해야지 생각했기
때문에 성도들은 이미 마음의 준비를 했던 것 같다.
첫해보다 더 많은 사람들이 관심을 표했다. 디자인은
크리스마스 선물 방향으로 정했는데, 한 해 전에
잠언을 하면서 마음에 꽂힌 한 구절 때문이다.

지혜는 보석보다 값지니, 네가 탐하는 그 어떤 것과도 비길 수 없다

(잠언 3:15, 쉬운성경)

　보석보다 값진 잠언을 선물하자는 의미로 티파니
블루 색깔로 불리는 연한 파랑의 울새알 색으로
만들었다. 그리고 사도 바울이 고린도전서에서 말하듯
보석보다 값진 지혜의 말씀을 자랑하고, 이 땅에 오신
예수님을 자랑하는 크리스마스로 보내자는 의미를
담았다. 그리고 필사의 방법은 두 가지로, 한 장

전체를 처음부터 쓰는 것과 한 장을 먼저 읽고 한 구절 묵상으로 일기를 쓰는 것이다.

돌아보면 두 번째 잠언 쓰기는 프로그램처럼 진행하기보다는 최대한 문턱을 낮춰 자발적으로 참여할 수 있도록 애썼던 것 같다. 왜냐하면 교회에 처음 오신 분들은 믿음생활 경험이 전무하기 때문에 전체적인 방향에 대해 양이 많은지 적은지 기준이 없다. 아무것도 그려지지 않은 빈 도화지와도 같다. 이분들에게 독려가 아닌 초대로 다가가고 싶었다. 그렇게 두 번째 잠언 쓰기에 더 많은 성도가 참여했고, 잠언 노트는 며칠 만에 모두 소진되었다.

"모두 판매된 걸로 알지만, 혹시 한 권도 안 남아 있을까요? 꼭 구입하고 싶은데요."

첫 번째 노트를 만들었을 때처럼 노트를 수집하시는 분이 소장하기를 원하셔서 교회의 자료로 남겨 두었던 한 권을 보내드렸다. 서울 충무로에 교회 문을 열고 몇 달 만에 처음 잠언 노트를 제작하고, 그 다음해에도 이어 갈 수 있었던 것은 말씀을 사랑하고 자랑하고자 했던 마음이 교회 전체에 전해졌고, 그 사랑이 성도들이 교제하는 이들에게 전해지는 것을 경험했기 때문이다.

그리고 2022년 1월에 테이블처치의 첫 성경을
제작했다. 성경 제작이 교회 재정에서 쉬운 일은
아니었지만, 그 소식에 모두들 기대하고 예약부터
했던 이유는 이제 말씀을 사랑하는 성도가 되었기에,
그리고 그것을 선물하고 싶은 마음 때문이었을 것이다.
첫 성경의 첫 페이지에 써 있는 구절은 잠언 3장
15절이다. 하나님의 말씀은 보석보다 값지고, 세상의
어떤 것과도 그 가치를 비교할 수 없다.

헤른후트
묵상집

부교역자로 사역하고 있을 때, 선배
목사님으로부터 귀한 선물을 받았다. "말씀, 그리고
하루"라고 새겨진 소책자였다. 아래에 작은 글씨로
'헤른후트 성경묵상집'이라고 쓰여 있었다. 헤른후트는
내게 특별한 추억이 있는 공동체이다. 미국에서
교회사를 전공할 때 그 공동체를 만든 진젠도르프
백작을 접하게 됐고, 보고서를 쓴 적이 있다. 그는
자신의 영지를 열어서 당시 종교적 탄압을 피해

유랑하고 있던 얀 후스의 후예였던 보헤미안들을
정착시켰다. 그는 마을, 고아원, 그리고 학교를
세웠는데 나의 소논문 주제는 고아원의 수업
커리큘럼이었다.

진젠도르프는 어렸을 때부터 경건주의
지도자이면서 할레 대학의 교수인 스패너와 프랑케의
특별한 사랑과 가르침 아래서 자랐고, 비텐베르크
대학에서 법학을 공부했다. 그의 풍부한 지적 유산과
그가 직접 경험으로 검증했던 비텐베르크 대학과 할레
대학의 커리큘럼은 헤른후트 공동체의 고아원 교육에
고스란히 적용되었다. 그리고 고아원 교육은 유명세를
타서 나중에는 귀족의 자녀들도 지원해서 들어올
정도가 되었다. 그에 대해 공부했기에 어린이들뿐만
아니라 종교적 난민이 된 모든 구성원들에 대한
책임감이 강했다는 것은 알고 있었지만, 그가 자신의
공동체 식구들을 위해 묵상집을 만든 것은 그 책을
선물 받고서야 알게 되었다. 1728년부터 공동체를
위해서 시작되고, 1731년부터 책으로 만들어져서
2022년에 292번째 묵상집이 출간되었다.

헤른후트 묵상집에 나오는 하루의 구절은
진젠도르프 때의 전통을 지금까지 그대로 이어 오고
있다. 먼저 하루에 주시는 구약말씀 하나를 사전에

뽑아 놓은 구절들 중에서 제비 뽑는다. 그리고 그
구절을 설명하는 신약말씀 한 구절을 넣고, 그것에
대한 기도문으로 마무리한다. 당시에 보편적이었던
로중[18]을 통해 주시는 말씀을 기대하는 마음과 이것을
실천하려는 열심은 하나가 되고자 하는 공동체성을
심어 주었다. 그리고 그들이 함께 영적인 섭리와
기도의 응답을 경험하면서 전통이 되어 지금까지
이어지고 있었다. '독일의 행동하는 양심'으로 불리던
본회퍼가 사랑했던 묵상집으로도 알려져 있다.

   2018년 개척할 즈음, 헤른후트 묵상집을 번역하고
출판하시는 한국디아코니아 연구소의 홍주민
목사님을 서울역 위워크에서 만났다. 그 책을 만난
기쁨에 성도들과 도심에서 만나는 크리스천들에게
선물하려고 대량주문을 하게 되니 그 책을 만든
출판사와 연결이 되었는데, 그때 연락처를 받은 분이
홍주민 목사님이다. 그분은 독일에서 유학하던 시절
독일에 보편화된 이 묵상집을 접하게 되었고, 그

18
Losung, 로중은 '암호'를 뜻한다. 전쟁터에서 절대
잊어서는 안 되는 암호처럼 하루의 말씀은 신자에게
영적 무기의 힘을 지닌다는 의미이다.

안에 있는 말씀과 묵상으로 힘을 얻은 것을 직접
체험하셔서 한국에 들어오신 후 매년 번역과 출판을
이어 오고 계셨다. 그날 위워크에서 유난히 바쁘게
일하는 직장인들 사이에서 그분을 만나기 위해 달려
나온 김과장으로서 헤른후트 묵상집이 나와 같은
직장인들에게 최적의 묵상집이라고 말씀드렸다.

실제로 당시는 철강회사를 다닐 때였다. 새벽 5시
30분에 집에서 나오면 혼자 쉴 수 있는 시간은 많지
않았다. 잠시 짬을 낼 수 있는 시간은 차 안에서의
이동과 이동 사이였다. 주로 식사시간 전후로 그날의
로중의 구절을 작은 수첩에 적고, 그다음 묵상의
내용과 기도문을 적었다. 기도를 적었던 이유는
분주한 상황에서 집중하기 어려웠기 때문이다.
그래서 기도문을 펜으로 쓰기 시작했는데 처음에는
어색하다가 익숙해지고 나니 집중할 수 있게 되고,
다시 수첩을 열어 기도문을 읽기도 하고 덧붙여서
쓰며 기도했다. 돌아보면 바쁜 직장생활 중에
영적으로 살기 위해서 붙들었던 묵상이었다.

그리고 제비를 뽑은 그날의 말씀인 구약 한 구절에
대한 설명이 신약의 구절이었던 것도 개인적인 훈련의
요소가 되었다. 구약을 설명하는 구절이 신약에 있는
이유는 예수님을 통해 그것을 증명했기 때문인 것을

염두에 두며 묵상하게 되고, 그것은 예수님 중심으로 묵상하는 훈련이 되었다(Jesus-Centered Meditation).

직장생활을 하며 개척했던 13개월의 시간은 세상 속 그리스도인들에게 예수님이 얼마나 추상적이지 않고 실질적인 메시지를 말씀으로 전하시는지 증거하는 시간이 되었다. 예배의 설교와 성도와의 대화에서 살아서 역사하시는 말씀임을 설명하고 성경을 자랑하며, 낙서처럼 가득 채워진 수첩을 함께 보고 세상에서 말씀과 살았던 삶을 나누는 시간이었다.

chapter 11

바이블
트레킹

바이블 트레킹, 어두운 터널 앞에서 태워주신 기차 ^(시즌1)

2020년 4월에 시작한 '바이블 트레킹'은 성도들과 도심의 크리스천들이 함께했던 90일 통독이다. 바이블 트레킹은 모두가 갑작스럽게 들어간 코로나 바이러스라는 어두운 터널을 공동체와 말씀의 능력을 경험하며 지나갈 수 있게 도와주었다. 다음 해에 시작한 두 번째 바이블 트레킹은 코로나 바이러스 극복을 넘어 이전에 생각지 못한 새로운 것도 만들 수 있음을 경험하게 해주었다. 마치 기차처럼 말씀 위에 모두가 올라타 인도하시는 대로 가고, 어둠 속에서 보여 주시는 것에 감동하며 터널인 것을 잊고 달렸다. 그리고 그 믿음이 반복되다 보니 말씀에 대한 신뢰가 생기고 터널 안에서 말씀을 누리고 즐기게 되었다.

돌이켜 보면 코로나 사태가 처음 터졌을 때는 세상의 모든 시계가 멈추고, 이 상황을 경험한 인생의 선배를 찾아가 조언을 구할 수 없는 시기였다. 그런데 하나님은 어느 때보다 가까운 곳에 계신 것을 66권, 1,189장으로 이어진 성경산맥에서 답해 주셨다. 그 답은 길이 되었고, 다 읽고 나서 성경 속에서 보이는

그 길은 창세기에서부터 시작된 '예수님'이라는
능선이 되어 한눈에 들어왔다. 그리고 함께 걷는
성도들, 도심에서 복음을 나누는 도심 크리스천들은
'바이블 트레커'라는 이름으로 서로를 부르며 그룹
카톡방과 유튜브에서 만나며 하루의 트레킹을 마치고
서로의 소감을 나눴다. 마치 정상이나 산장에서
가방을 내려놓고 따뜻한 커피를 마시며 이야기를
나누는 듯 보였다.

나를 부르는 숲

빌 브라이슨의《나를 부르는 숲》은 바이블
트레킹의 영감을 준 책이다. 책을 읽으면서 산을
걷는 방법이 등산만이 아니라는 것이 생소했다.
어렸을 때부터 가족들과 산을 많이 올랐는데 모두
정상을 오르는 등산이었다. 당시에 트레킹을 알기는
했지만 등산과의 차이를 알지 못했다. 미국 동부에
뻗어 있는 애팔래치아 산맥을 종주하는 3,500여
킬로미터의 트레일을 걷는 트레킹을 시작한 저자와
그의 친구는 그 여정을 통해서 산을 알아가고 즐길

줄 아는 '산사람'이 되어 간다. 재미있는 점은 그
둘이 끝까지 완주하지 못하고 중간에 그만두었다는
사실이다. 그러나 그 책의 마무리는 실패감으로 절대
무거워지지 않는다. 도리어 언제든 마음먹고 산에
갈 수 있는 자신이 된 것에 대한 보람과 자부심이
느껴진다.

　　글을 쓰면서 하나님께서 트레킹했던 장면들을
떠오르게 해주신 것이 감사했다. 실제로 미국에서
공부하던 보스턴의 신학교에서 갈 수 있는 애팔란치아
트레일 구간이 있었다. 뉴햄프셔 주에 있는 화이트
마운틴 국립공원이었다. 때로는 광활한 산맥과
능선을 보고 싶어서 차를 타고 올라가기도 했고, 함께
공부하던 친구들과 트레일의 한 구간을 걸어 보기도
했다. 그리고 등산이 아니라 트레킹을 즐길 수 있게
해준 곳은 바로 학교 근처의 치바코 트레일이었다.
다양한 코스가 있었던 훌륭한 트레킹 코스였지만
자연 상태 그대로 있는 곳이어서 날씨가 안 좋은 날에
한번은 길을 잃고 같은 곳을 헤맸던 아찔한 추억이
있는 곳이기도 하다. 그렇지만 아름다운 호수들이
있는 트레일을 수없이 걷고 뛰면서 트레킹의 맛을
조금씩 알아갔다. 한국에 돌아와서는 둘째가 태어나기
전까지 청계산에 매주 한 번은 올라갔다. 그곳에 가면

'진달래능선'이 있다. 등산을 하는 구간에 긴 선으로
보이는 능선에 봄이면 진달래가 가득 핀다. 바이블
트레킹을 처음 기획하는 시기가 딱 진달래 피는
시기였기에 카메라를 들고 달려가서 한참을 찍었던
설렘이 생생하다.

트레킹에 대한 경험을 성경통독에 접목시키고자
하면서 이전에 성도들과 했던 통독과는 다른
길이겠다는 생각을 했다. 그 전에는 어려워하던 성경
통독이라는 산을 정복하는 방향이었다면, 바이블
트레킹은 산행 자체가 동기이고 의미다. 다양한
나무와 풀들이 내뿜는 향기를 맡으며 변함없이 맞이해
주는 산길을 걸으며 길에서 만나는 모든 것에 사랑에
빠지고, 시간이 나면 언제든 달려가서 트레킹을 하고
싶어 하는 '바이블 트레커'가 되는 시간으로 만들고자
했다.

바이블
트레커

바이블 트레킹을 시작하고 나서 춘천에서
출석하던 죠이 자매는 함께 통독하는 이들에게

"바이블 트레커"라 불렀던 것이 재밌었나 보다.
오랫동안 교회를 다녔지만 상처들이 많았던 자매는
새롭게 성도를 부르는 바이블 트레커라는 이름이
신선했는지 만나는 성도들과 거듭 이야기한다.

"목사님이 저희를 바이블 트레커라고 부르셨어요."

진지한 느낌을 담고 있지는 않지만 교회에서
웃음을 줄 수 있다면, 그리고 가장 중요한 성경을
가지고 성도들과 함께하는 것에 기대감을 줄 수
있다면 대만족이다. 그리고 바이블 트레커를 추억하는
이들이 나중에 말씀을 사랑하고 즐겼던 이때를
기억하고, 하나님을 향한 마음을 추스를 수 있게
되기를 바란다.
　　　건강을 위해서 서울 안산을 매일 한 번씩
등산하는 한 성도는 산 정상 가까이에 있는 정자 옆의
나무 사진을 찍어서 보냈다. 그 나무의 이름표에는
'상수리나무'라고 쓰여 있었다. 바이블 트레킹을
시작하고 첫 번째 캠핑을 아브라함과 '마므레의
상수리나무'에서 했던 것을 기억하면서 그 상수리나무
이름표가 눈에 들어온 것이다. 바이블 트레킹을
하고 마음에 남았던 구절과 메시지를 기억하면서

걸을 때, 전에 들어오지 않던 것들이 하나님이
건네시는 인사처럼 느껴지는 것이다. 바이블 트레킹
1주차를 하고 신청자들과 함께 안산을 걷고 여기서
'캠핑설교'를 하자는 이야기도 나누었다. 그 이후로
바이블 트레킹에 캠핑을 넣어서 기획하고, 답사차 1년
동안 열심히 등산을 다니는 중이다.

바이블 트레커들 중 앞으로도 기억할 분이 있다.
그분은 지금 하늘나라에 계시다. 몇 달 전, 함께
스낵타임을 하던 도심 크리스천에게 연락을 받았다.
외삼촌이 신앙이 없으신 채로 암 투병 중이신데
《바이블 트레킹》책을 선물해 드렸다고 한다.
치료받으셨다가 재발이 되었는데 이번에는 말기여서
상심이 크고 염려도 많으시다고 했다. 그래서 마음과
몸이 힘드실 때마다 의지하고자 조카에게 선물받은 그
책의 내용을 쓰기 시작하셨다고 한다.

처음부터 끝까지 다 쓰시고 나서 쓸 때마다
위로받으셨다고 손 편지를 사진으로 찍어서 보내
주셨다. 바이블 트레킹을 시작하면서 예수님에 대해
궁금해하는 분들, 성경을 처음으로 읽어 보려는
분들을 격려하고자 쓴 책이었는데 절망 속에 있는
분의 마음에 닿았고, 예수님께서 말씀으로 평안을

주시고 복음을 전하셨더니 감격이 되었다. 감사한
마음에 찾아뵌 그 자리에서 그분은 예수님께 마음을
여셨고, 믿음으로 함께 기도했던 기억이 생생하다.
인생의 끝자락에서 믿음을 고백한 감격과 죄송함에
나이 차이가 많이 나는 목사에게 직접 예수님을
만나뵌 듯 겸손함을 보여 주셨다. 바이블 트레킹을
통해 한 영혼에게 예수님이 길이 되어 주셔서
아버지의 집으로 인도되었다. 그분은 하나님 나라에서
1호 바이블 트레커다.

아침에 나로 하여금 주의 인자한 말씀을 듣게 하소서 내가 주를
의뢰함이니이다 내가 다닐 길을 알게 하소서 내가 내 영혼을 주께
드림이니이다 (시편 143:8)

긴 어둠 속에 있을지라도 변함없는 사랑을 담은
말씀으로 아침을 주신다. 하나님은 가르치시고 그 뜻을
깨닫게 하시며 성령으로 바른 길을 걷게 하신다. 그런
하나님을 향한 믿음이 성경산맥을 복음의 능선을 따라
걸을 때마다 점점 더 견고해지고, 풍성한 즐거움과
설렘을 누리게 되길 바란다.

라이브 성지순례,
랜선 트레킹 (시즌2)

두 번째 바이블 트레킹을 준비하는 시기도 여전히 코로나의 끝이 보이지 않던 시기였다. 그래서 이전에 했던 방법이 아닌 새로운 트레킹을 고민하고 있던 차에 아내가 랜선 집들이 방송을 보면서 랜선 성지순례를 하면 어떨까 하는 근사한 아이디어를 던졌다. 일주일 동안 같이 읽어야 할 말씀의 중요한 장소에 먼저 가서 바이블 트레커들과 유튜브 라이브로 진짜 트레킹을 해보는 그림은 막히지 않고 그려졌다. 성경산맥으로 시작된 바이블 트레킹을 처음 시작할 때와 같은 감동이었다.

바로 떠오른 곳은 예루살렘과 레바논이었다. 그리고 그곳에는 형제처럼 지내던 두 목사님들이 계셨다. 예루살렘의 박데이빗 목사님은 보스턴 시온성교회에서, 레바논의 박희창 목사님은 서울드림교회에서 함께 사역했던 동역자들이다. 그리고 이들과 함께하는 라이브 방송은 도심 크리스천으로서 위워크에서 했던 '화요책방'이라는 북클럽의 멤버인 노소정 PD에게 아이디어를 나누고 구체적인 라이브 방송을 준비했다. 그리고 라이브

방송 촬영은 유튜브 라이브 방송 송출 감독으로
일하는 백승민 목사님이 맡아 주셨다. 언제나
느끼지만 방향이 선명하면 준비하는 것은 힘들지 않다.
그리고 촘촘하게 준비하는 것이 수고스러울 수는
있지만 만들어질 작품을 그려 가는 것이기에 두렵지는
않다. 그려지지 않고 막막한 것이 무섭지 망해도 그
시도만으로 나 자신과 함께하는 사람들에게 동기화는
분명히 된다.

　랜선 트레킹이 시작되었다. 라이브에서 망하는
것은 라이브가 끊기는 것이다. 야외에서 라이브를
해야 했기에 신호가 약할 때도 많았고, 오디오와
비디오가 끊길 때도 있었다. 그러나 라이브 하는 15주
동안 한 번도 비가 온 적이 없었다. 유대인들에게
쫓겨난 적은 있었어도 중간에 방송이 끊겨 중단된
적은 없었다. 라이브 방송을 하면서 생겼던
비상사태는 모두 설명 가능한 상황이었고, 그 상황이
해제되면 더 근사한 스토리로 이어졌다.

　15주 동안 16번의 랜선 트레킹 가운데 '엘라
골짜기' 이야기를 하고 싶다. 이스라엘 골짜기는
우리가 생각하는 숲이 우거진 골짜기의 개념이 아니다.
도시와 도시를 잇는 대로이면서도, 폭이 넓은 곳은
전쟁터이기도 했다. 박데이빗 목사님과 4주차의

내용으로 만났던 '엘라 골짜기'는 우리에게 이스라엘 골짜기의 개념과 다윗과 골리앗의 전투를 근사한 그림으로 남겨 주었다. 골짜기를 중심으로 작은 시내를 앞에 둔 왼쪽 언덕에 다윗과 사울의 군대가 있고, 골짜기의 오른편에 골리앗의 군대가 있었을 것이다. 이 장면이 선명하게 보이는 산 정상에서 박 목사님의 씩씩한 아들들은 소년 다윗을 생각하면서 바이블 트레커들 대신 돌을 던져 주었다. 그리고 용감한 목동이었던 다윗으로 기억을 새겨 주시듯, 하나님은 양떼들과 목자들을 만나게 해주셨다.

기획을 넘어서는 라이브의 묘미는 처음으로 방송을 진행했던 스텝들에게 큰 선물이 되었다. 바울이 로마로 호송되는 배를 탔던 가이사랴에서 박데이빗 목사님은 바이블 트레커들을 세상으로 파송해 주셨다. 유대인들의 눈으로 그들의 땅에서 볼 수 있는 가장 화려한 도시 가이사랴였지만 하나님의 눈에는 복음을 들고 새로운 곳으로 출발하는 바울만 들어왔을 것이 분명하다. 세상에서 가장 화려한 도심에서 바울과 같이 소중한 복음을 자랑하고자 하는 마음을 귀하게 보시고, 함께 선교의 길을 떠나실 것이다.

첫 번째 시즌으로 한 내용이 책으로 나왔다.[19] 두
번째 시즌인 랜선 트레킹은 유튜브에 그대로 남아
있다. 세 번째 시즌은 어떤 이름으로 이어질까. 분명한
것은 트레킹을 즐거워하는 '산사람들'이 생겼다는
점이다. 이들은 다시 시작할 날을 궁금해하고
기다린다. 그곳에서의 추억이 이미 인생 추억으로
남겨져 있기에, 하나님의 말씀을 함께하며 가장
어두운 코로나 터널을 이겨 낸 산사람들은 나의 인생
친구들이다.

19
김성규,《바이블 트레킹》
(홍성사, 2020).

chapter 12

Prayer
Walk

Prayer
Walk

"Prayer Walk, 기도를 위한 걷기"는 2020년 가을부터 시작해서 지금까지 도심 크리스천들과 이어오는 캠페인이다. '바이블 트레킹'을 하면서 구약의 마지막인 소선지서를 읽던 중 이 말씀을 소화하기 위해서는 기도가 필요하다는 생각이 들었다. 말씀을 읽으면서 묵상을 하면 뜻과 의미가 깨달아진다. 그러나 그것이 선명해도 삶으로 들어갔을 때 뿌리가 없이 잊힌다. 영혼에 소화되고 삶으로 녹아지기 위해 말씀을 위한 기도가 필요하다. 기도 시간에 묵상한 말씀을 기도로 이어 가지 않고 자리를 일어나면 해결책과 질문에 대한 실마리로 주신 말씀이 뿌리를 내리지 못하고 소멸된다. 그래서 말씀에서 주시는 영감과 메시지를 붙들고 기도의 자리로 가는 습관을 들여야겠다는 생각을 했다.

가장 중요한 것은 물리적인 시간 확보다. 적어도 45분에서 1시간은 필요했다. 그날 읽은 말씀 중에 마음에 남은 한 구절과 기도제목들, 그리고 성령께서 인도하시는 기도를 할 수 있는 최소한의 시간 확보의 노력, 지속적으로 반복하는 훈련이 필요하다. 그리고

그해 가을, 코로나 사태를 처음 경험하고 그로 인한
변화와 충격을 온몸으로 느껴야 하는 성도들의
돌파구가 필요했기에 기도를 세워 주시길 바랐다.
그러나 당시는 코로나 사태가 일어난 첫해여서
성도들과 스낵타임 식구들과 신우회 회원들을 위한
기도를 깊게 하고 싶어도 그런 환경을 만들기가
어려웠다. 나부터 기도를 통해 갈급함과 말씀을
뿌리 내리고 중보기도를 하려 해도 사회적 거리두기
때문에 어떤 교회도 마음 편히 갈 수가 없었다.
집에서는 아내가 재택을 하고 아이들도 학교를 가지
않아 집중해서 기도하다가도 불려나가기 일쑤였다.
방해받지 않을 기도처를 찾던 중, 20대 후반 몸에
큰 병을 얻고 기도하러 들어갔던 파주의 오산리
기도원(오산리 최자실 기념 금식 기도원)이 생각났다.

　　기도원은 코로나 사태의 초기에는 완전 폐쇄를
했고, 나중에는 일부 오픈을 했는데 실내 기도가
조심스러워서 주로 야외 벤치에 앉아 묵상을 했다.
그리고 마음에 남는 구절을 묵상하고 싶어서 수첩에
적어 기도원 안의 산책길을 걷기 시작했다. 기도원
안에는 생각 외로 여러 코스의 길들이 있었다. 나무와
나무 사이를 걷는 길도 있고, 빈 공터 주위를 걷는
코스도 있었다. 아침 7시 정도가 되면 간혹 운동 삼아

걷는 분들도 있었지만, 그 전에는 고요했고 새벽
공기는 집중하기에 더없이 좋았다.

　　여러 길 중에서 기도원의 본 예배당 뒤쪽으로
일직선의 길이 가장 마음에 들었다. 자그마한 언덕
아래로 기도할 수 있는 벤치들이 놓여 있었고, 한쪽
잔디밭에는 강대상으로 쓸 수 있는 구조물이 있었다.
그것을 바라보며 성도들이 앉을 수 있는 벤치들이
있었는데 이국적이면서도 훌륭한 야외 예배당이었다.
너무 신기해서 당시에 한창 바이블 트레킹을 함께하던
이들의 그룹 카톡방에 사진을 올렸다. 언젠가 우리가
다 같이 예배드릴 수 있다면 이렇게 야외에서부터
드리자고 들뜬 마음으로 나눴던 기억이 난다.

　　궁금해하는 성도들과 카톡방에서 기도를 마치고
걸었던 곳의 사진을 올렸더니 함께하던 분들이
도전을 받아서 말씀 이후에 기도하는 움직임이
생겼다. 직접 메시지를 주기도 했고, 자신의 SNS에
기도하는 자리에서의 사진을 일기처럼 올리는 분도
있었다. 그래서 당시에 인스타그램에 새로 생긴
기능인 스토리에 기도원에서 걷던 길의 사진을 올리기
시작했다. 스토리는 업로드하고 24시간 이후에는
내려지는 기능이었다. 인증샷처럼 그날 새벽 사진을
여름부터 그해 눈이 오기 시작할 때까지 올렸다.

감사하게도 그 사진을 보고 말씀을 읽고 있던 바이블
트레커들도 반응해 주었고, 인상적이었다고 전하는
메세지들이 도착했다. 하나님은 생각보다 빨리 말씀을
묵상하던 믿음의 분들이 기도에 대한 관심으로 이어
갈 수 있도록 도와주셨고, 바이블 트레킹에 참여하지
않던 이들에게도 코로나 시기의 답답한 상황에서
기도의 도전을 통해 풀 수 있겠다는 소망을 주셨다.

　　늘 그렇지만 가장 많은 유익을 입은 것은 나의
영혼이다. 감사하게도 기도 시간은 1시간에서
늘어날 때가 많았다. 그 시간이 기다려져서 일찍
잠을 청했다. 가장 좋아하는 길의 구간을 여러 차례
반복해 걸으면서 기도하는데도 성령의 충만함으로
감동하면서 울부짖을 때도 있었고, 강한 임재에
한동안 그 자리에 머물러 있기도 했다. 그리고
하나님과의 교제의 시간을 갖고자 할 때는 그
자리에서 이어폰을 끼고 찬양을 들으면서 잠시 멈춰
서서 그 감동에 머물기도 했다. 그 시기에는 메버릭
시티 뮤직의 〈man of your word〉를 가장 많이 들었다.
주님의 약속을 의지하면서 나아갈 때 모든 것을
가능케 하시고 묶고 있는 견고한 진이 끊어지는 것을
느꼈고, 그날의 말씀을 의지하면서 내면과 삶 속의
해방과 승리를 선포했다.

그렇게 바이블 트레커의 신약을 읽을 때부터
오산리 기도원에서 기도했고, 기도 시리즈는 그해
가을 기도와 함께하는 성경통독으로 이어졌다. 그리고
성도들에게 자신들에 맞게 'Prayer Walk, 기도를 위한
걷기'를 하자는 캠페인을 나눴다. 야외에서 걷고자
한다면 걷자고 했다. 새벽이나 점심시간, 퇴근하고
나서 걸으며 1시간 말씀을 묵상하고, 마음에 남는
구절을 적어 나가자고 했다. 최근 묵상한 구절들이
적힌 수첩을 들고 걸으며 기도하자고 했다. 집 근처의
공원, 회사 주위의 도심을 걸으면서 기도하고, 찬양을
들으면서 기도하자고 권했다. 그리고 자신만의
것으로 바꾸는 것도 좋은 생각이라고 했다. 집안에서
조용한 분위기를 만들 수 있다면 차 한 잔을 우려내어
마시면서 말씀을 묵상하며 기도하는 것도 시간을 떼어
말씀에 집중하고 성령님께서 역사하신 수 있는 시간을
확보하는 의미를 그대로 살릴 수 있는 방법이다.
그렇게 하나님이 말씀을 통해서 주시는 메시지를
뿌리 내리게 하자는 캠페인은 2020년 가을에
시작되었고, 2021년 가을에 두 번째로 시작한 기도
시리즈는 방법을 조금 바꾸어 1년을 더 이어 가고 있다.
그렇게 말씀과 기도는 또 하나의 바이블 무브먼트가
되었고, 새로운 기도를 삶의 기쁨과 충전의 시간으로

삼자는 캠페인으로 지속하고 있다.

우체통을
열어 보는 재미

두 번째 기도 시리즈는 성도들에게 위로가 되고
소망을 주고자 하는 마음이 컸다. 코로나 상황이
점차 좋아지고 사회적 거리두기가 완화될 거라는
기대는 델타 변이가 확산되면서 완전히 꺾여 버렸다.
목회적으로도 새로운 시도들을 모두 멈추며 낙심이
되는데 취업을 준비하던 청년들과 간신히 버텨 오던
사업가들에게 얼마나 충격이 클지 생각했다. 그래서
이번 기도 시리즈는 영성훈련보다는 하나님이 주시는
선물꾸러미를 매일 받는 시간이 되기를 바랐다.
빈티지앤뉴 디자이너들과도 뜻을 나누자 기꺼이
함께해 주었다. 그렇게 카드 꾸러미가 만들어졌다.

성도들과 도심의 이웃들은 일주일에 한 번
우체통에서 'You've Got Mail'이라고 쓰여진 빨간
스티커가 붙은 기도엽서를 받는다. 'You've Got
Mail'은 기도엽서를 보내는 프로젝트의 이름이다.
1998년에 개봉된 맥 라이언과 톰 행크스 주연의

영화를 떠올리면서 이름을 붙였다. 교회의 주인이신
예수님의 마음을 응원으로 받고, 하나님 아버지께서
매일 준비하시는 따뜻한 편지를 우체통에서 일주일에
한 번 받고, 하루의 기도엽서를 가지고 세상의 자리로
나아갈 수 있도록 기획했다. 가을부터 크리스마스
연말까지 진행되었는데, 가늠할 수 없는 내일을
맞은 성도들에게 정해진 시간에 성실하게 주시는
은혜를 기대하자는 메시지를 시리즈 전체에 담고
주일 설교마다 전했다. 그리고 그 마음은 말씀과
메시지를 나누는 도심의 이웃들에게 전해졌고,
그들은 그 카드와 메시지를 다른 이웃들에게 그들의
방법으로 전했다. 지금 돌아봐도 암담했던 시절의
무게를 느끼지 못하고 서로를 위한 기도를 나누었고,
예수님의 위로를 자랑했다.

　　2022년을 준비하면서 기도편지는 이메일로
바뀌었다. 이메일 구독 서비스 사이트를 통해서 매일
새벽 5시마다 전달되었다. 이메일 업무로 하루를
여는 직장인들에게는 반가운 소식이었다. 업무를
시작하기 전에 일상 루틴으로 삼을 수 있는 계기가
되었다는 이야기를 들었다. 그리고 이메일을 사용하는
사람들에게 전달할 수 있는 계기가 된다는 피드백을
받는다. 그리고 같은 직종 동료들에게 위로가 되는

메시지가 있으면 짧은 메모로 마음을 담아 전달한다는
말을 들으며 감사했다. 기도도 말씀과 함께 사람들을
통해서 움직이고, 기도하는 이들이 서로 단단히
연결되는 것을 경험한다.

기도 PT,
Prayer Personal Trainer

Prayer Walk의 중요한 또 하나의 축은 함께
기도하는 그룹 카톡방이다. 신청하는 사람들이 두
그룹으로 나뉜다. 교회와 바이블 무브먼트를 함께하는
그룹과 직장인 그룹으로 나뉘어 매일 한 번씩 기도문을
올린다. 이 글을 쓰고 있는 오늘도 도심 크리스천들과
Prayer Walk를 카톡방에서 이어 간다. 2021년 9월에
시작한 '성경 세 장, 말씀 한 구절, 기도 한 문장'을
이어 가고 있다. 2020년 첫해에 했을 때는 하루에
13장을 읽고 '말씀 한 구절, 기도 한 문장'을 하면서
90일 통독을 했다. 1시간 말씀을 읽고 기도를 했기
때문에 바쁜 성도들에게는 어려웠다. 그래서 Prayer
Walk를 준비하면서는 1년의 사역을 단순하게 잡고
기도의 습관을 잡는 것으로 목회 일정을 논의하는

분들과도 마음을 모았다. 그렇게 1년의 목회와 설교의 계획은 첫해 2개월의 세계관 시리즈를 제외하고 모두 기도 시리즈가 되었다. 그리고 본문은 3장을 읽는 스케줄 안에서 정해졌다. 그렇게 대장정을 이어 가며 매일 기도자들의 기도문을 본다. 그리고 답장으로 그들의 문장에 기도를 올린다. 이렇게 매일 성도들의 기도문에 답하면서 리더의 기도를 흡수하고 기도문을 바꾸어 가는 성도들을 보았다. 대표적인 기도는 자신이 결정하고 다짐해야 하는 때에 결단하게 해달라는 기도를 습관적으로 하는 케이스였다. 그런 분들의 기도가 며칠 지나지 않아 용기를 내며 결단하고 실패했지만 도움을 요청하는 기도로 바뀌었다. 그리고 성도들의 기도를 보며 목사도 달라졌다. 각자의 기도문에 그들의 상황이 녹아 있고 성품이 담겨 있다. 긴 시간 동안 끊어지지 않고 씨름하고 있는 기도가 담긴 것을 2년 동안 함께하고 있기에 공감의 깊이가 달라진다. 그러면서 어느 순간 나의 기도문을 보며 그 문체를 썼던 성도를 떠올리곤 한다. 그러면서 정말 길 되신 예수님 위로 함께 걸어가고 있구나 생각하게 된다.

보석 같은
기도

말씀을 따라 읽는 것만으로도 기도가 되고, 언제 읽어도 마음을 두드리는 기도들이 있다. 무엇보다 예수님이 가르쳐 주신 기도가 가장 깊이 새겨져 있고, 무기처럼 쓸 수 있는 다윗의 기도가 있는가 하면 누군가를 위한 본질적인 중보기도를 가르쳐 주는 바울의 기도가 보석처럼 빛나고 있다. 그중에서도 코로나 바이러스 사태를 겪은 도심의 크리스천들을 위한 샘플을 두 가지만 나누자면 모세와 욥의 기도이다.

우선 하루를 시작하는 이들에게 주시는 모세의 기도다. 모세는 그의 하루를 시작하고 사명을 감당할 때 이스라엘 민족을 일으키시는 여호와께 소리친다. 하나님의 때인 것을 그들에게 구름을 덮으시며 일으키시는 하나님께 이렇게 외친다.

여호와여! 일어나십시오. 원수들을 흩으십시오. 여호와께 맞서는 자들을 여호와 앞에서 쫓아내십시오(민수기 10:35, 쉬운성경)

그리고 발걸음을 멈추시는 하나님 앞에서 궤를

내려놓으며 모세는 이렇게 기도한다.

여호와여! 수천만 이스라엘 백성에게 돌아오십시오(민수기 10:36, 쉬운성경)

그는 함께하셨고, 지금도 함께하신 여호와를
수천만 이스라엘 백성을 위해서 불렀다. 도심의
크리스천들이 하루를 시작하면서 부르심의 자리에
소명을 갖고 나아간다. 하나님이 그들을 부르시지
않았다면 하루를 아끼시는 하나님은 우리를 다른
곳으로 인도하셨을 것이다. 우리가 가야할 곳이
맞다면 그곳으로 인도하시는 하나님을 깨우고,
우리를 일으키시는 주님을 일으키는 기도를 도심의
크리스천들과 함께하고 싶다. 그리고 하루를 마치고
집으로 돌아오며 함께 계신 여호와를 부르며 그분
안에서 안식하고, 새 힘을 얻는다. 모세의 기도에는
힘이 있고 개인의 다짐이면서도 공동체의 선포다.

욥의 기도는 지혜를 구하는 자의 기도를 가르쳐
준다. 그는 고난의 의미를 고통 속에서 절박하게 묻고
있다. 그렇지만 그는 그의 모든 질문과 답이 되어 줄
수 있는 지혜와 총명을 이미 하나님이 갖고 계신 것을
알고 있다(욥 28:20, 23절 참고). 어디 있는지도 알고 계시고 그 답까지 가는 길도 알고 계신 것을 확신하고 있다.
하나님은 그 지혜를 보시고 선포하시며 세우시고
시험하시는 분임을 믿고 있다. 그 하나님께서 그에게
지혜와 총명이 무엇인지를 알려 주셨다(욥 28:28 참고).
그리고 분명히 그의 삶에도 그 지혜를 찾아보실
것이고, 선포하고 세우실 것이다. 그리고 그의 성숙을
위해 테스트하실 것이다. 그렇게 세워 가시는 지혜를
깨달을 때마다 이렇게 기도할 것이다.

내가 주께 대하여 귀로 듣기만 하였사오나 이제는 눈으로 주를

뵈옵나이다(욥기 42:5)

chapter 13

성령의
위치

성령이 채우신
시간, 공간, 인간

도심선교, 직장생활과 교회개척을 통틀어
가장 많이 구했던 기도제목은 '성령 충만'이었다.
부교역자로 섬기던 교회의 사임인사를 한 다음날
광화문 근처의 한 호텔 커피숍에서 온누리교회
직장인들이 드리는 '홀리스타' 예배를 찾아갔다.
어둑어둑한 새벽, 예배를 드리러 가는 길에 하나님께
성령을 구했다.

"하나님, 주님의 길이 맞으면 성령의 충만함으로
답해 주세요."

예배를 가는 길에 주시기 시작한 성령의 충만함은
예배 후에 차를 타러 가는 길에서도 이어졌다.
하나님께서 그렇게 충만함으로 답을 주시면 겁이
나지 않고 평안과 함께 능력이 부어져서 힘들지
않았다. 도심에서 직장인 모임 공간을 찾으러 다닐
때, 명동성당과 남산이 한눈에 들어왔던 을지로
위워크에서 주신 감동은 성령의 충만함이었다고
생각한다. 빌딩 숲 사이로 점심을 먹기 위해 쏟아져

나오는 직장인들을 보면서 이곳이 하나님이 부르신
곳이라고 말씀해 주시는 것 같았다.

신기하게도 그 감동은 사역을 시작했던 광화문
교보문고 사거리와 을지로 위워크, 처음 사무실
계약을 했던 서울역 서울스퀘어에서도 다름없이
이어진다. 그리고 테이블처치의 첫 예배를 드렸던
충무로도 마찬가지다. 이유가 무엇일까. 그 '시간'에
소명을 받은 '공간'에서 나라는 한 '인간'에게 성령을
충만히 부어 주셨기 때문이다.

소망교회를 담임하셨던 김지철 목사님과 건강한
교회를 꿈꾸는 '처치브릿지'의 목사님들이 일주일에
한 번씩 모여서 말씀을 공부하는 '프로페짜이'라는
모임이 있다. 그곳에서 함께 묵상하면서 반복적으로
설명되던 내용이 있었다. 그것은 구약과 신약에
중요한 역사가 일어날 때 공통적으로 나타난
'충만하게 채워져 있던 성령'이었다. 특별히 사도행전
2장으로부터 시작되는 교회는 성령이 충만하게
임하는 것을 가장 선명하게 보여 준다. 그 시간과
공간에 충만한 영은 그곳에 있는 사람들에게도
넘치도록 부어졌다. 김지철 목사님은 성경의 중요한
시기마다 이와 같은 성령의 충만한 역사가 일어났다고
말씀해 주셨다. 그리고 나의 삶의 중요한 시점에 같은

은혜가 있었던 것을 기억하며 정리하는 시간을 가졌다.

비슷한 시기에 김동호 목사님은 '날마다 기막힌 새벽'이라는 유튜브 새벽기도 설교에서 이 시대의 기도 중에 "성령을 더 구하는 기도"가 부족함을 지적하셨다. 하나님 나라에 대한 기도는 하지만 그 안에 충만해야 할 성령을 구하고 더 구하자는 것이었다. 그 메시지는 성령에 대한 깨달음이 더해지고 있을 때 적용으로써 기도의 자리에 나아가라는 음성처럼 들렸다. 하나님은 성령을 구할 때 과거를 이해하고 현재에 적용하게 하셨다. 그래서 미래를 기대하게 하신다. 성령님은 중요한 일이 있을 때마다 자비를 베푸셔서 충만한 성령을 준비하셨다. 시작하는 사역에 대한 마음을 감동으로 주셨고, 그 인도하심을 확인하러 가면서 기도하게 하셨다. 그리고 섭리로밖에 설명이 안 되는 일들로 성령을 충만하게 부어 주셨다.

굵직한 구원의 역사가 일어나기 전에 성령의 충만함이 먼저 있었던 것을 성경의 여러 곳에서 찾을 수 있다. 하나님이 창조하시기 전에 성경은 온 세상에 가득했던 성령을 묘사하고 있다(창 1:2). 예수님이 태어나시기 전에 임신한 엘리사벳이 마리아를 방문했을 때, 예수님이 태어나실 가정과

마리아에게 성령 충만하게 하심을 보여 준다(눅
1:41). 예수님이 사역을 본격적으로 시작하시기 전에
세례를 받으심으로 성령이 충만하게 임하시고,
광야로 이끄신 40일 동안 금식하시면서 성령님의
채우심과 인도하심을 의지하며 사탄의 공격을 이겨
내셨다. 그리고 그곳에서 부어 주신 성령으로 사역을
시작하신다.

예수께서 성령의 능력으로 갈릴리에 돌아가시니 그 소문이 사방에
퍼졌고(누가복음 4:14)

이렇게 강한 성령은 실제로 어떤 유익을 주었는지
돌아보며 생각해 본다. 왜냐하면 성령의 강한 역사를
먼저 경험하고 일을 대하면 힘든 줄도 모를 때가 많다.
현장에서 만난 어려운 문제를 푸는 것에 집중하고
현실의 파도를 타는 데 집중하게 되고, 고난인 것을
나중에 깨닫는다. 마치 클라이밍에서 만난 문제를
푸는 것, 버거울 것 같은 파도를 타는 느낌과 같다.
홀드를 놓친 것 같은데 떨어지지 않게 손을 덮어
주시는 하나님, 파도에 삼켜질 것 같은데 뒤에서 밀어
주시는 성령님을 느끼며 나아가는 것이다. 그리고
주님께서 하신 일인데 다 하고 나서 주시는 기쁨을

가득 누리게 하신다. 누군가가 힘들지 않았냐고, 그 결정에 후회 없냐고 물어보는 인생의 중요한 순간에 공통적으로 성령님은 먼저 오셨고, 성령의 충만함을 그 일 앞에 위치시키셨다.

예수님이 열어 주신 성령의 길

리젠트 칼리지에서 세상을 살아가는 그리스도인들을 대상으로 만든 '리프레임'이라는 강의를 처치브릿지의 한 목사님께 소개받아 보게 되었다. '스토리'의 중요성에 대한 내용이었다. 성경을 하나의 스토리로 이해하는 것은 매우 중요하다고 한다. 그렇게 이해하면 내가 그 스토리의 어디쯤 위치해 있는지 그려 볼 수 있기 때문이다. 성경책 안에 성령의 스토리를 쓴다면 가장 반전이 될 장면을 팀 켈러가 《부활을 입다》라는 책에서 그려 줬다. 예수님께서 이 땅에 오신 가장 중요한 미션인 십자가와 부활을 이루시는 장면을 이렇게 묘사한다.

"C. S. 루이스는 '우리의 위대하신 대장께서 세상의

삭막한 담장에 틈을 내셨다'라고 썼다. 그분은 우리와
하나님을 갈라놓는 난공불락의 장벽에 구멍을
뚫으셨다. 그래서 우리 모두에게도 무한한 희망이 있다.
우리도 다 야곱이고, 아무래도 삶이 망하게 되었으며,
베개라고는 돌밖에 없지만 말이다. 그런 우리도 삶에서
하나님의 영광과 능력을 누릴 수 있다."[20]

　　예수님은 로마제국의 통치를 받는 이스라엘을
독립시키고 신이 다스리는 이스라엘 제국을 세우지
않으셨다. 그는 이스라엘 작은 마을에서 태어나
목수의 아들로 자라셨다. 그리고 하신 일은 형장의
십자가에서 죽으시고 다시 부활하신 것이다. 그러나
이 일은 시간을 초월한 업적이고, 국경을 무의미하게
하는 나라의 확장이었다. 그 일을 통해서 한국에서
예수님의 백성이 된 나의 영원한 왕이 되셨다. 그리고
도심 미셔널 처치를 통해 복음을 전하고 그분의
통치가 이곳에서 이루어지기를 원한다. 그러나
그것은 예수님이 모든 회사를 침투하고, 직장인들을
장악한다는 의미가 아니다. 게하더스 보스의 말처럼

20
팀 켈러, 《부활을 입다》
(두란노 2021), 114.

하나님 나라의 권능이 인간의 삶과 살아가는 세상에
임하고, 예수님의 제자들이 복음을 전하며, 하나님을
사랑하는 것과 이웃을 사랑하는 것을 목표로
한다면 세상의 모든 분야가 이전보다 더 공정해지고
의로워짐을 뜻하는 것이다.[21]

그렇기에 예수님은 세상 속에서 그의 백성이
간절히 기도할 때, 십자가와 부활의 능력으로
난공불락의 성에 틈을 내신다. 그리고 그 안으로
실수 없이 강한 능력으로 임하실 성령의 길이 되신다.
그리고 성령의 충만함은 그 시간과 임하는 공간과
기도하고 함께하는 이들에게 임하신다. 그렇게 일어난
도심의 역사는 새로운 예수님의 히스토리가 된다.

지금 여기에
Here and Now

성도들과 말씀을 읽고 나누는 중에 이전에 보지
못하던 구절이 눈에 들어왔다.

재판석에 앉은 자에게는 판결하는 영이 되시며 성문에서 싸움을
물리치는 자에게는 힘이 되시리로다(이사야 28:6)

하나님께서 재판을 하는 한 사람에게 그 일을
잘 감당할 수 있도록 판결의 영을 부어 주신다고
말씀하신다. 성문에서 살기가 등등한 원수를 막아
낼 병사에게 용기의 영을 주시고, 거뜬히 물리칠 수
있는 힘을 주신다고 말씀하신다. '리프레임' 세미나
중에 세상 속의 크리스천을 위한 강의에서 하나님의
사역을 감당하고 있는 세례 요한에게 예수님이
찾아오셨다고 한다. 세례 요한에게 예수님은 세례를
받으시고 그의 길을 걸어가신 것처럼 보인다. 그러나
세례 요한의 관점으로 보면 예수님은 그의 사역의
길을 대로로 넓히셨다. 시작한 사역을 온전하게
이루시는 일이기도 하다. 물로 세례를 주며 이스라엘
백성의 새로운 삶의 전환점을 맞게 한 세례 요한의
소명을 십자가와 부활의 능력으로 새로운 생명을
얻게 하시고, 하나님 나라를 이 땅에서부터 살아갈 수
있도록 넓혀 주시고 완성시켜 주신 것이다. 예수님은
세례 요한에게 오셔서 하나님의 아들이 성령의
충만함 가운데 세례받는 것을 보여 주시고, 감옥에
갇혀 있어서 마음이 흔들릴 때 예수님이 그의 일을

이루실 메시아이심을 확인시켜 주셨다. 그리고 그 일을
완성하셨다.

예수님을 믿게 된다면 그다음에 대해 생각해
본다. 그다음은 복음을 전하고 하나님 나라를 세워
가는 것이다. 그 일을 우리에게, 이 세상 모든 사람에게
맡기셨다. 유진 피터슨은 예수님이 이 땅에 오셨을 때
아무도 주목하지 않았다고 한다. 관심을 가져야 할
이유가 하나도 없는 분이셨다고 묘사한다. 도심 속에서
묵묵히 자신의 일을 소명으로 감당하는 이들에게
예수님은 왕으로 오셔서 함께 하나님의 나라를 세워
가자고 말씀하신다. 그리고 세상 속에서 그 일을
감당할 수 있는 영을 주겠다고 약속하신다.

세상 속으로 흩어져서 자신이 해야 할 모든 일을
임무로 생각하고 그의 영을 구하며 감당하는 것은
일터에서 드리는 성도의 '예배'다. 그리고 세상이라고
하는 큰 생태계의 일원으로서 그 질서를 유지할
수 있도록 역할을 하는 모든 일은 '선교'다. 이렇게
살아가는 성도의 예배와 선교가 일어나는 곳이
우리의 '일터'이다.[22] *Kingdom Calling*의 저자 에이미

22
티시 해리슨 워런, 《오늘이라는 예배》
(IVP, 2019), 142.

셜먼은 일터에서 하나님 나라를 세워 가고자 하는
것을 이렇게 설명한다. 그가 미국 뉴욕의 할렘가에서
사역하는 제프 화이트 목사에게 들은 이야기라고 한다.
베스킨라빈스 아이스크림 가게에 가면 다양한 종류의
아이스크림 맛을 먼저 볼 수 있게 해주는데 그때 작은
핑크색 플라스틱 스푼에 조금 떠서 맛보게 해준다.
예수님께서 우리에게 주신 소명은 세상에서 하나님
나라를 살아가는 것에 그치지 않고, 옆에 있는 도심
이웃들이 우리의 삶을 통해 하나님 나라를 맛보게
하는 것이라고 빗대었다. 하나님 나라의 정의와
평화를 내가 서 있는 도심 속 부르심의 자리에서 미리
맛보게 한다. 그 일은 성령을 의지하며, 명예와 규모에
상관없이 어떤 단순한 일일지라도 예배와 선교라고
생각하며 진지하게 감당할 때, 성령의 충만함으로
이루어진다. 그리고 왕 되신 예수님께서 성령의 능력을
맛보게 할 "지금 여기에서" 일하시고, 그의 날에
완성하실 것이다.

chapter 14

발명해야
할 책

새로운
길

이어령 교수가 삶을 마무리하면서 그가 기울이고 있던 도전을 소개했다. 그것은 책을 발명하는 것이다. 아날로그에서 디지털로 바뀌는 시대부터 디지털의 신대륙이라 불리는 메타버스 시대를 맞으며 그는 '8분 책'을 만들려고 했다.[23] 왜 새로운 책을 만들려고 했을까. 왜 그의 책은 활자가 새겨진 종이가 아닌 영상이었을까. 그것은 텍스트를 사랑하고 소중하게 지키고 싶은 문학가로서의 열정과 영상 콘텐츠를 주로 소비하는 젊은 세대에게 메시지를 전달하고자 하는 지성인으로서의 사명감 때문일 것이다. 앞으로의 시대는 코로나19와 같은 팬데믹 상황과 비약적인 기술의 발전으로 계속 변화할 것이다. 그렇다면 우리는 내가 좋아하고 지켜야 하는 것과 함께 새로운 세대가 선택할 문화가 무엇인지에 대해 눈을 열어야

[23]
"미래의 책이 어떤 것인지 묻지 말고,
미래를 위해 우리가 어떤 책을 만들어야
할 것인지 생각해 봅시다. 그게 바로 지금
우리가 해야 할 발명입니다."
이어령, 《디지털 시대, 왜 책인가》
(김영사, 2022), 142.

한다. 때로는 스며들 듯 녹아지는 새로운 문화가 있을 것이고, 생소한 외국어를 배우듯 뼈를 깎는 노력으로 배워야 할 문화도 있을 것이다.

팀 켈러는 《센터처치》에서 도심의 교회에 대한 중요한 기둥으로 문화를 꼽았다. 그중에서도 문화에 대한 열린 마음이 필요하다. 그 마음은 정도에 따른 단계가 있는 것 같다. 첫 번째는 문화에 대한 마음이 열려 있기 때문에 다른 것을 하나의 새로움으로 인정하는 단계다. 두 번째 단계는 새롭게 접하는 문화에 참여하지는 않지만 긍정적으로 여기고 응원하는 수준이 있다. 격려하고 후원하지만 그 안에 들어가지는 않은 단계다. 그다음으로는 그 안으로 들어가서 경험해 본다. 체험하면서 그들의 생각이 무엇인지 함께 느끼며 엿보고 대화해 본다. 그리고 내가 여기에 맞는 사람인지 테스트해 본다. 마지막으로는 열정을 지키기로 결정하고, 그 안으로 들어가서 그들의 일원이 되는 것이 있다. 새로운 문화가 만드는 생태계에 들어가서 나의 삶을 펼쳐 보는 것이다.

도심에 살아가면서 문화에 대해 열린 마음으로 들어감에 있어 모든 문화를 여과 없이 수용하는 것은 부적절한 일이다. 그러나 세상 문화의 첫인상이 주는

편견과 나에게 편한 고정관념으로 보는 것은 경계해야
할 일이다. 옷을 도전적으로 입고 시도하는 사람들이
있다. 코드 쿤스트라고 하는 프로듀서는 새로운
패션에 관심을 갖고 자신에게도 실험해 본다고 한다.
보기에도 난해하고 불편하지만 한번 입어 보는 것이다.
소화를 못할지라도 그 안으로 들어가서 새로운 시도를
할 때 그 전에 얻을 수 없는 영감을 받을 수 있다.
그리고 이러한 삶이 녹아져서 자신의 영역에서도
혁신적인 변화를 이어 가는 데 영감이 될 것이다.

　　세상의 문화를 인정하고 공부해서 이해하는
수준을 넘어 그 안으로 들어가 문화를 만들어 내는
생태계의 일원이 되는 것이다. 그래서 주님이 보시기에
기뻐하시는 가치를 녹여 낸 세상의 언어로 건강한
문화를 만들어 내는 것이 도심 크리스천이 해야 하는
일이라고 생각한다. 모든 문화에 들어갈 수는 없다.
나노 단위로 나뉘는 시대에 하나의 색깔로 모든 것을
덮어 버리는 시대가 아닐 가능성이 높다. 그러나
도심 속에서 멈추지 않고 새로운 세계를 만들어 내는
그곳에 하나님의 사람들이 필요하다.

새로운
도전

도심선교를 시작하면서 교회를 개척하기 전
먼저 세운 것은 도심의 보이지 않는 교회였다. 그것은
을지로 위워크에서 수요일 점심 직장인 모임인
'스낵타임'이었다. 위워크에서 스타트업하는 사람들과
함께하기 위해 빈티지앤뉴라는 플랫폼 회사를
창업했다. 직장인들이 살아가는 사회를 알고자
철강회사에 취업했다. 스타트업 회사들은 그런 나를
환영했고, 직장에서는 많은 기회를 얻고 배웠다.

교회를 개척하고 MZ세대를 알게 되면서 그들이
데려가는 세계는 그들의 자아를 다시 한 번 펼치는
새로운 세계다. 그들은 하이킹을 하러 가고, 서핑을
하고 짐을 싸서 캠핑을 떠난다. 단순 취미가 아니라
그들의 새로운 세계다. 주중과 주말이 분리되어 있는
서퍼들도 있다. 휴가를 내고 평일 바다에서 만나는
일반인들은 자신의 직업을 서퍼라고 말한다. 주중과
주말이 분리되어 있지만 완전히 다른 사람으로
살아가는 것을 즐기는 이들도 있다. 이런 사람들은
각자의 스타일로 입고 먹고 잔다. 처음에는 각
직업마다 다른 종족으로 보였던 것이 이제는 각자의

삶을 추구하는 사람들이 다른 종족들로 보인다.
그래서 그들이 이끄는 곳으로 찾아가고 있다. 그리고
그 안에서 그들의 옷을 입고, 그들처럼 먹고, 그들처럼
잔다. 그들이 나를 받아줄 때는 희열을 느끼고, 아직도
남았구나 느낄 때는 알게 된 것만으로도 감사하며
이웃의 관계를 이어 간다. 그리고 이곳을 위해 준비된
사람들을 찾게 된다.

새로운 열정

　시편 69편에는 다윗의 평생에 가득했던 열정이
무엇이었는지 쓰여 있다. '하나님의 집'에 대한
열정이다.

> 주의 집을 위하는 열성이 나를 삼키고 주를 비방하는 비방이 내게
> 미쳤나이다(시편 69:9)

　하나님이 사시는 집을 만드는 열정이다(삼하 7:5).
그는 온 백성과 군대를 모아 기쁨으로 달려가기도
했고, 그 일을 하다가 온갖 모욕과 조롱을 받기도 했다.

체면이 깎이고 그것이 빌미가 되어 수많은 고통을
겪기도 했다. 열심히 노력하는 과정에서 실수도
있었다. 그때 하나님은 기준을 낮추지 않으셨고,
원수들도 봐주지 않았다. 열정은 녹록치 않았지만
그는 포기를 몰랐다. 그의 열정은 여전히 모든 것을
불태울 만큼 뜨거웠다.

도심의 교회를 세우는 일은 쉽지 않았고, 지금도
어렵다. 처음 직장인들을 위한 모임을 시작한다고
했을 때, 선배들은 그것은 성경공부 모임이지
교회가 아니라고 했다. 직장을 들어가 개척하는 것은
사회생활 경험이 없어서 할 수 있는 생각이라고 했다.
그만한 보수를 받고 직장에서 일하는 것은 바보 같은
짓이라고도 했다. 개척할 때는 특수목회를 하는 것이
아니라는 분도 있었다(특수목회의 의미는 나중에 알게 되었고, 내가
하는 목회가 그 안에 들어가는지는 아직도 모르겠다). 돌아보면 허무한
순간이 올 거라는 선배도 있었다. 많은 걸 기억하지
않으려는 단순한 성격에 이런 코멘트들이 남아 있는
걸 보면 그때 그들의 진심이 느껴졌고, 모든 말이
일리가 있었다. 그러나 그들의 진심어린 충고대로 가지
않았던 이유는 다윗의 열정과 같은 마음 때문이다.
나는 보이지 않는 교회를 도심에 세우는 것에 열정이
있다. 그 열정은 자주 내 모든 것을 태울 정도로 뜨겁다.

염려하는 이들을 이해시키고 설득하고, 염려되는
문제를 해결하기 위한 수고를 아끼지 않고 쏟아붓는다.
그리고 이 부르심이 다윗이 성전을 직접 짓고 싶었지만
다 이루지 못하고 아들인 솔로몬이 할 수 있도록
돕는 사명일지라도 감사하고 만족할 것이다. 교회를
세워 가는 도심의 크리스천들이 있고, 그들의 후배
세대들이 그 뒤를 이을 것이다. 그리고 교회를 세우는
부모와 어른들의 뒷모습을 보며 도심에서 자라나고
있는 테이블처치의 아이들이 있기 때문이다.

새로운 책

실제로 여기서부터 시작하라고 권하고 싶다.
'나만의 책'을 만들기 시작하는 것으로 하나님이 주신
은혜를 메시지를 만들어서 SNS에 올려 보길 원한다.
이미지에 문장을 쉽게 올릴 수 있는 앱을 사용해
인스타그램에 올리고, 라이크를 누르는 이들의
인스타그램에 들어가서 라이크를 누르며, 그곳에서
자신의 책을 쓰고 독자와 소통하기를 권한다.
텍스트가 편한 사람은 조정민 목사의 한 줄 트윗을

참고로 트위터를 시작하라. 영상이 편한 사람은
영상으로 책을 만들어 보기를 권한다.

유튜브 채널의 한 첼리스트는 코로나 시대에
첼로 레슨 영상을 시작했고, 그 안에 찬양을 연주하며
자신이 크리스천임을 소개한다. 그 음악이 누구에게나
아름다움을 경험할 수 있게 해준다. 그리고 그녀의
일상로그를 통해 크리스천의 삶을 보게 된다. 이렇게
만든 책은 소통의 창구를 열어 주고, 자신이 어떤
사람인지 알게 해주는 기반이 된다. 또한 도심에서
살아가는 사람들과 친구가 될 수 있는 기회를
선물한다. 그들과 살아가며 하나님 나라를 보여 주고
초대할 수 있다. 그리고 어느 때에든 그들이 하나님
나라 덕을 볼 수 있는 날이 올 것이다. 그때 두세
사람이 모인 교회를 세울 수 있게 될 것이다.

하나님의 집을 세상 속에서 세워 가는 기쁨과
열정이 다윗의 모든 것을 태우듯 앞으로도 도심 미셔널
처치에 가득하기를 바란다. 두세 사람이 예수님을
사랑하고 자랑하기 위해서 모일 수 있도록, 복음이 그
자리에서 말씀과 삶으로 전해지며 믿지 않는 이들이
놀러 올 수 있는 곳이 되도록, 그렇게 찾아와서 하나님
아버지를 만나게 되는 곳이 세워지기를 꿈꾸며
실험하고 도전한다. 그것을 경험한 이들이 교회를

세우는 예수님의 제자들 '처치빌더'가 되어 주님의
나라가 하나의 교회 안에서 확장되는 것이 아니라
보이지 않는 교회로서 도심에서, 세상에서 확장되는
것을 꿈꾸며 새로운 스토리를 만들어 가길 기대한다.

인비저블 처치
INVISIBLE CHURCH

지은이 김성규
펴낸곳 주식회사 홍성사
펴낸이 정애주
국효숙 김의연 김준표 박혜란 손상범
송민규 오민택 임영주 차길환

2022. 9. 15. 초판 1쇄 인쇄 2022. 9. 20. 초판 1쇄 발행

등록번호 제1-499호 1977. 8. 1.
주소 (04084) 서울시 마포구 양화진4길 3 전화 02) 333-5161 팩스 02) 333-5165
홈페이지 hongsungsa.com 이메일 hsbooks@hongsungsa.com
페이스북 facebook.com/hongsungsa
양화진책방 02) 333-5161

ISBN 978-89-365-1526-3 (03230)